何芳 编著

新疆古代铜镜

中国商务出版社

·北京·

图书在版编目（CIP）数据

新疆古代铜镜／何芳编著. --北京：中国商务出版社，2023.12

ISBN 978-7-5103-4653-8

Ⅰ.①新… Ⅱ.①何… Ⅲ.①古镜—铜器（考古）—研究—新疆 Ⅳ.①K875.24

中国国家版本馆 CIP 数据核字（2023）第 203303 号

新疆古代铜镜

何 芳 编著

出版发行：中国商务出版社有限公司

地 址：北京市东城区安定门外大街东后巷 28 号 邮 编：100710

网 址：http://www.cctpress.com

联系电话：010—64515150（发行部） 010—64212247（总编室）
010—64243656（事业部） 010—64248236（印制部）

责任编辑：李自满

排 版：北京天逸合文化有限公司

印 刷：北京九州迅驰传媒文化有限公司

开 本：710 毫米×1000 毫米 1/16

印 张：11.75 字 数：190 千字

版 次：2023 年 12 月第 1 版 印 次：2023 年 12 月第 1 次印刷

书 号：ISBN 978-7-5103-4653-8

定 价：88.00 元

序

在新疆乃至丝绸之路沿线的考古发现中，珍奇的毛罽氍毹，汉唐时期的锦绣丝绸，晋唐时期的简牍文书写本、漆木器、皮革制品等有机质类文化瑰宝，长期受到学术界重点关注、科学研究的同时，古代铜镜作为充分体现历史上文化交往交流交融的重要物证，以其类型多样、蕴涵丰富、时代跨度大等特质，近十余年来也日益成为新疆历史文化遗产中突出的优势资源，成为社会各界广泛重视、青睐的热点和亮点。及时地系统梳理新疆地区古代铜镜的考古发现、基础研究、学术研究、价值阐发，具有十分重要的学术价值和意义。

本书是作者对新疆地区历年来出土古代铜镜发现与研究情况的梳理、概括总结和展望，该书的编著有以下特点：

一是对新疆考古发现的古代铜镜进行了全面的统计和梳理。众所周知，新疆地区古代铜镜的发现，可以追溯到19世纪末至20世纪初外国探险家在古代和田、楼兰鄯善、车师高昌等地的考古出土。几十年来，考古新发现不断涌现，迄今新疆出土的各个时期的古代铜镜数量已近500件。系统地梳理考古出土古代铜镜及其相关资料，是一项十分重要的基础性工作，值得特别肯定。

二是对新疆考古发现的铜镜进行了探索性的时代和类型分析。新疆地域辽阔，历史文化形态多元，文化因素多样，各时期各类铜镜所蕴涵的历史内涵和背景千差万别。以时代为纲，以地域为纬，在充分综合学术史成果的基础上，剖析和总结不同时代和地域铜镜的基本特征、功能用途、文化价值、工艺特点，探讨和分析不同时期铜镜的类别性质，对于拓展学术视野、科研旨趣，深入开展考古个案研究，努力揭示铜镜蕴涵的古代科技、政治经济属性、思想观念乃至古代审美等价值，的确是一项具有挑战性、更新传统的认知探索实践。

三是对新疆考古发现的铜镜进行了系统的历史文化研究。作者在中国历史、中华文化的范畴内，在中华文明在丝绸之路上的传播的历史视野下，研究了先秦时期（或者可称作"前丝绸之路时期"）东西方物质文化、技术乃至族群徙动的历史背景，以及铜镜反映出的新疆与中原之间的紧密文化联系；分析了自汉代起，随着国家有效地管辖治理西域，西域与中原交往交流交融频繁，铜镜作为封赏赠赐的政治信物，出现在了西域绿洲城郭诸国，同时作为中原奢华贸易商品，出现在了丝绸之路沿线的中亚多地。其文化史价值意义的阐发，大而有当，还可以进一步系统研究。

新疆古代铜镜的研究，还有许许多多领域需要去开拓，还有许许多多的历史文化细节值得去揭秘。新疆出土铜镜，作为能够清晰体现和深刻阐明中华文明连续性、创新性、统一性、包容性、和平性等突出特性的重要力证，理应在阐发中华文明价值、推进文化润疆进程中发挥出更大的历史价值和当代价值。

是为序。

新疆博物馆馆长　于志勇

2023 年 8 月 16 日

目　录

概　述 ……………………………………………………………………………… 1

第一章　新疆古代铜镜的发现 ………………………………………………… 15

一、19 世纪末至新中国成立新疆各地铜镜的发现情况 ………………… 16

（一）外国探险家的发现 ………………………………………………… 16

（二）中瑞西北考查团成员的发现 …………………………………… 20

二、新中国成立以来新疆各地铜镜的发现情况 ………………………… 21

（一）乌鲁木齐地区：共发现铜镜 16 件 …………………………… 21

（二）吐鲁番地区：共发现铜镜 18 件 ……………………………… 22

（三）哈密地区：共发现铜镜 59 件 ………………………………… 24

（四）昌吉回族自治州：共发现铜镜 62 件 ………………………… 27

（五）博尔塔拉蒙古自治州：共发现铜镜 7 件 …………………… 32

（六）巴音郭楞蒙古自治州：共发现铜镜 116 件 ………………… 33

（七）阿克苏地区：共发现铜镜 13 件 ……………………………… 39

（八）喀什地区：共发现铜镜 4 件 ………………………………… 39

（九）和田地区：共发现铜镜 54 件 ………………………………… 40

（十）伊犁哈萨克自治州：共发现铜镜 47 件 …………………… 43

（十一）塔城地区：共发现铜镜 17 件 ……………………………… 46

（十二）阿勒泰地区：共发现铜镜 17 件 …………………………… 47

（十三）其他：共发现铜镜 16 件 …………………………………… 49

第二章　不同历史时期新疆古代铜镜的类型 ……………………………… 51

一、先秦时期铜镜的类型 ………………………………………………… 52

（一）圆形具钮镜 ………………………………………………………… 52

（二）圆板带柄镜 ………………………………………… 65

二、两汉魏晋南北朝时期铜镜的类型 ………………………… 73

（一）承袭先秦时期风格的铜镜 ………………………… 73

（二）中原汉式铜镜 ……………………………………… 75

三、隋唐时期铜镜的类型 …………………………………… 88

（一）瑞兽葡萄镜 ………………………………………… 88

（二）瑞花镜 ……………………………………………… 90

（三）神仙人物故事镜 …………………………………… 94

（四）神兽镜 ……………………………………………… 94

（五）乳钉纹镜 …………………………………………… 95

四、宋辽金元时期铜镜的类型 ……………………………… 95

（一）瑞鸟镜 ……………………………………………… 96

（二）缠枝花草镜 ………………………………………… 98

（三）双鱼纹镜 …………………………………………… 100

（四）神仙人物故事镜 …………………………………… 101

（五）铭文镜 ……………………………………………… 105

（六）双龙镜 ……………………………………………… 107

（七）乐器纹柄镜 ………………………………………… 107

（八）动物纹镜 …………………………………………… 108

五、明清时期铜镜的类型 …………………………………… 109

（一）瑞兽纹镜 …………………………………………… 109

（二）文字镜 ……………………………………………… 111

（三）人物故事镜 ………………………………………… 113

（四）钟形铜镜 …………………………………………… 114

附　录 …………………………………………………………… 115

参考文献 ………………………………………………………… 179

后　记 …………………………………………………………… 180

概　述

一

　　新疆地处中国西北，位于亚欧大陆腹地。天山南北的广大地区古称"西域"，历史悠久，文化灿烂，是中原内地通往中亚、西亚、南亚与欧洲的西大门。据最新考古资料发现，在四五万年前的旧石器时代，新疆就已经有远古人类的活动。长期以来，天山以北"逐水草而居，顺天时而动"的游牧民族，创造了有强烈地域特点的游牧文化；而天山以南、塔里木盆地周缘，由于独特的自然生态和地理条件形成了多个不同规模的绿洲，出现了楼兰、鄯善、于阗、莎车、龟兹、疏勒、高昌、焉耆等绿洲城郭。他们定居的农耕生活方式，孕育出了各自鲜明、独特的绿洲城郭文化。

　　新疆自古以来就是多民族聚居地区，最早开发新疆地区的是先秦至秦汉时期生活在天山南北的塞人、月氏人、乌孙人、羌人、龟兹人、焉耆人、于阗人、疏勒人、莎车人、楼兰人、车师人，以及匈奴人、汉人等。魏晋南北朝时期的鲜卑、柔然、高车、嚈哒、吐谷浑人，隋唐时期的突厥、吐蕃、回纥人，宋辽金时期的契丹人，元明清时期的蒙古、女真、党项、哈萨克、柯尔克孜、满、锡伯、达斡尔、回、乌孜别克、塔塔尔人等，每个历史时期都有包括汉族在内的不同民族的大量人口进出新疆地区，带来了不同的生产技术、文化观念、风俗习惯，在交流融合中促进经济社会发展，他们是新疆地区的共同开拓者。多种文化、多种宗教在这里交流融汇、汇聚碰撞、并存发展，形成了新疆文化多元的特色。

　　新疆地区自古就同中原地区保持着密切联系。周穆王与西王母的历史传说，就是商周时期新疆与中原之间交往的历史记忆。河南安阳妇好墓出土的和田玉，证实了早在商代中原地区同西域就有玉石贸易。在新疆哈密、吐鲁番、巴州等地出土的彩陶、铜镜、海贝、珍珠，在玛纳斯、轮台以及南俄罗斯等地出土的"山"字纹铜镜，在伊犁河谷出土的玻璃珠饰等，清晰表明在夏商周时期就存在经由新疆天山廊道、河西走廊，连接中原地区和亚欧草原的通道。西域成为中华文明向西开放的门户，是东西方文明交流传播的重地，这里多元文化荟萃、多种文化并存。中原文化和西域文化长期交流交融，既推动了新疆各民族文化的发展，也促进了多元一体的中华文化发展。新疆各民族文化从一开始就打上了中华文化的印记。随着汉代张骞"凿空"西域，打通丝绸之路，使者相望于道，商旅不绝于途。东西方之间的经济文化交流，丰富了各地人民的物质文化生活。公元前60年，汉王朝在今新疆设立西域都护府，新疆地区被纳入中国版图。西域都护是主管新疆的最高军政长官，管辖包括今昆仑山北麓、天山南北、帕米尔及其以东的军事行政事务，仅西汉就设置了18任都护。汉王朝派军队驻守新疆，先后在渠犁、轮台、伊循、车师、比胥、姑墨、伊吾等地垦荒屯田、兴修水利。同时，在"楼兰道"以及新北道沿线修筑烽火台和驿站等设施，以维护社会稳定和丝绸之路的畅通。在多民族大一统格局之中，中央政权始终对新疆地区行使着管辖权，汉语已成为西域官府文书中的通用语之一，琵琶、羌笛等乐器由西域或通过西域传入中原，中原的农业生产技术、礼仪制度、汉语书籍、音乐舞蹈等在西域广泛传播。

魏晋南北朝是民族迁徙融合的时期，三国曹魏政权继承汉制，在西域设置戊己校尉，西晋在西域设置西域长史和戊己校尉。327年，前凉政权首次将郡县制推广到西域，设高昌郡。448年，北魏设鄯善、焉耆镇。魏晋南北朝时期，多民族迁徙，物质和技术的交流传播，促进了经济的发展。来自中原和河西的移民将先进的生产技术不断带至西域地区，推动了中华文化在西域的传播。

隋唐是我国大统一时期。隋朝先后在西域设置且末、鄯善二郡，后创立伊吾郡。唐朝在西域推行与内地相同的政治、经济制度，将西域直接置于中央政权的管辖之下，促进了西域社会的全面发展。唐代是丝绸之路最为繁荣的时期，唐王朝为了军事防务、交通和贸易需要，在丝绸之路沿线设立了许多戍堡、守捉城、烽火台，这一时期的历史文化遗存在新疆较多分布，高昌故城是汉魏以来河西及中原移民所营建的中心城市，北庭故城是唐北庭大都护府故址，交河故城安西都护府一度驻此。高昌回鹘使用唐代历书，一直延续到 10 世纪下半期。唐代诗人岑参的诗句"花门将军善胡歌，叶河藩王能汉语"，是当时新疆地区民族语言与汉语并用、文化繁荣景象的写照。

五代、宋、辽、金时期，西域各绿洲城郭、游牧部落经过重新整合，于 9 世纪中后期形成了高昌回鹘王国、喀喇汗王朝、于阗三个地方政权，始终对中原政权高度认同，与中原王朝保持朝贡等密切的交往与联系。西辽时期，契丹人征服喀喇汗王朝，控制新疆地区和中亚，典章礼制多沿袭中原旧制。这一时期，新疆社会经济发生显著变化，多元文化、多种宗教并存。天山南麓的佛教艺术依然兴盛，至今仍留有大量的遗迹。

元代，中央政权加强了对西域的管辖，在西域实行行省制。这些军政建制，具体地体现了元朝对西域广大地域的管辖统治，是汉代以后历代中央政权对天山南北各地行使主权的延续和发展。元朝政府同时还加大对西域屯田、交通的管理力度，在西域组织实施屯田，鼓励扶助农桑，推动了内地和西域农业生产技术的交流。在天山南北设立驿站，拓展了草原丝绸之路，增强了西域同中原的政治联系和商业往来，多举措积极发展手工业和商业。这一时期，有大批畏兀儿（维吾尔）等少数民族移居内地生活，学习使用汉语，有的参加科举考试并被录用为官员，涌现了一批政治家、文学家、艺术家、史学家、农学家、翻译家等，有力地推动了新疆各民族文化的发展。

明朝建立后，西域各地与明朝间保持较密切的朝贡关系。中央政权设哈密卫作为管理西域事务的机构，并在嘉峪关和哈密之间先后设立 6 个卫，管理西域事务。明代，中原地区与西域各地经济交流频繁，经济往来主要表现形式有"朝贡""封赐""互市"等。

清政府于 1755—1759 年先后平定准噶尔、大小和卓叛乱，统一天山南北后，于 1762 年设"总统伊犁等处将军"，通过一系列系统的治理政策，加强了对天山南北的统治，密切了与全国各省份的联系，为近代新疆政治、经济、民族、文化、疆域等格局的最终形成奠定了基础。近现代以来，在辛亥革命、五四运动、新民主主义革命斗争影响下，新疆各民族文化向现代转型，各民族的国家认同和中华文化认同达到新的高度。新中国成立后，新疆各民族文化进入史无前例的大繁荣大发展时期。

千百年来，生息在天山南北的先民们休戚与共，共同创造了辉煌灿烂的古代西域文明。由于新疆地区特殊的气候地理环境，新疆历史文化得天独厚，种类丰富、年代久远、多姿多彩的文化遗存得以完整保存。在众多文化遗存中除了价值极高的文书、简牍，还有绚丽多彩的丝绸、彩罽、服饰、玻璃器、玉器、漆器，栩栩如生的各类雕塑以及古代人体标本等，都是系统阐明历代中央政权治理和管辖新疆的重要力证，是准确揭示各民族交往交流交融历史内涵的珍贵实证。在众多的文化遗存中，新疆各地出土的铜镜实物备受学界关注，呈现出异彩纷呈的景象。

铜镜是中华文化的瑰宝，中华民族的文化成就，中华文明对世界文明的重要贡献；是中华优秀传统文化的重要代表，凝结着古代中国人的思想观念、文化审美，展现了中国人的发明和创造。新疆发现铜镜的历史考古价值和意义在于，它是国家治理和各民族"三交"历史内涵的珍贵力证，是丝绸之路文化交融汇聚的历史见证。新疆发现的中原汉式铜镜，是丝绸之路上中华文明传播的重要实证，全面研究、准确揭示其内涵价值，对于新时代铸牢中华民族共同体意识、深化文化润疆，有重要的意义。

本书拟对新疆地区考古发掘出土、现场清理或采集、由公安部门收缴移交、个人捐献以及在本地区征集、收购的铜镜进行系统的梳理，以时代为经、以地域为纬，分析研究新疆各地出土铜镜的类型、性质及属性，透过一件件铜镜，展现新疆自古以来与中原内地的紧密联系，展示中央政权对西域的有效治理和管辖，实证新疆自古以来就是祖国大家庭的一员。

二

新疆地区发现的铜镜，最早始自 20 世纪初外国探险家和中瑞西北考查团在塔里木盆地、吐鲁番等地的调查。新中国成立以后，文物考古科学研究人员在天山南北的广大地区，进行了大规模的文物考古调查和考古发掘，清理发掘了各个历史时期的古墓葬，出土了近 400 件铜镜，其中比较完整的有 300 余件，加之在遗址采集和征集的铜镜，新疆的铜镜数量达 500 余件。

据不完全统计，仅新疆地区出土先秦时期的铜镜就有 140 余件。考古资料显示，目前已知新疆最早的铜镜出自天山东部哈密的天山北路墓地，墓葬年代在公元前 2000 年至公元前 1400 年，是林雅文化的典型遗存，属青铜时代早期。墓地规模很大，有墓葬上千座，发掘了近 700 座，出土了 7 件铜镜，均为圆板具钮镜。其中，有 3 件放射纹镜与安阳殷墟妇好墓中出土的铜镜非常相似。[①] 随葬品中还有数量较多的彩陶，与甘肃马厂类型及四坝文化有着密切的联系。另外，和田地区博物馆在克里雅河下游采集了 1 件青铜时代的具柄镜，镜背面饰有 4 组由直线和其两侧放射状斜线组成的叶脉状纹饰，柄部饰有由小短线组成的平行折线纹，安阳殷墟妇好墓中出土的铜镜上就装饰有类似的纹饰，[②] 和田地区博物馆也征集到 1 件类似的铜镜。先秦时期新疆地区还出土有几件兽纹铜镜，有的铜镜背面铸有狼纹和虎纹，有的直接以北山羊作柄，具有典型的先秦时期草原风格。

新疆地区出土了 50 余件素面圆镜，这类铜镜在河南、陕西、北京和辽宁一带均有发现。以上事实显示了中原内地与新疆地区的早期文化关联。先秦时期，"以我国为代表的圆板具钮镜系统和在西亚和埃及、希腊、罗马等文明古国广为流传的圆板具柄镜系统"在新疆地区共存。[③] 从目前已知的国内外考古学资料来看，与新疆毗邻的西亚、中亚、蒙古草原以及阿尔泰山一带在青铜时代和早期铁器时代的诸文化中，具柄镜十分流行。关于具柄镜的起源，据国外学者研究，具柄镜源自公元前三千纪的古埃及，并于公元前两千纪后半期传入近东和古希腊地区。随着游牧文化的发展和人群的迁徙，具柄铜镜传入我国新疆地区，而后以新疆为媒介传入内地。具柄镜在我国云南、四川、西藏以及甘肃、宁夏、内蒙古、河北、辽宁大量出土，且与新疆地区的具柄铜镜有一定的相似度。[④] 铜镜作为早期东西方文化交流的重要实证，说明先秦时期东西方物质与文化的交流是存在的。它充分证明了早在丝绸之路开通之前，我国以黄河中下游为中心的中原地区同西域各族人民就已经有了文化的交流和经济贸易的往来，而新疆恰好处于古代文化交流的中间过渡地带，大量铜镜的发现为其提供了确切的证据。

新疆伊犁尼勒克奴拉塞铜矿的开采和冶炼，从青铜时代延续到早期铁器时代。2018 年，新疆文物考古研究所和中国人民大学联合对尼勒克吉仁台沟

---

① 管维良：《中国铜镜史》，重庆出版社，2006，第 15 页；孔祥星、刘一曼：《中国古代铜镜》，文物出版社，1984，第 12 页。

② 管维良：《中国铜镜史》，重庆出版社，2006，第 16 页；孔祥星、刘一曼：《中国古代铜镜》，文物出版社，1984，第 13 页。

③ 孔祥星、刘一曼：《中国古代铜镜》，文物出版社，1984，第 3 页。

④ 陈亚军：《河西走廊发现早期带柄铜镜研究》，《敦煌学辑刊》2002 年第 4 期。

口遗址进行考古发掘，在清理的冶炼遗址中出土了十余件浇铸铜器的陶范，是制作铜镜、铜锥等小件铜器和武器的陶制范模，对于研究新疆地区青铜时代冶铸手工业以及西方青铜文化的东向传播和早期中西文化交流，具有重要的意义。

战国时期的山字纹铜镜在俄罗斯阿尔泰共和国菲尔索沃墓地和巴泽雷克墓地也有出土。梅建军先生通过对铜镜的科学分析揭示：中国铜镜向西流传大致始于战国后期，阿尔泰著名的巴泽雷克墓出土的一面四山镜即为例证，[①] 迄今在俄罗斯阿尔泰边疆州多地发现了许多山字纹铜镜。[②] 山字纹铜镜在新疆地区的玛纳斯县包家店镇黑梁湾二号墓、轮台县阿孜干墓地以及哈密巴里坤黑沟梁墓地均有发现。

先秦时期出土的铜镜数量多、形式类型多样，以天山南北河谷绿洲和草原地带为多，分布上呈现规律性，反映出古代先民冶铸锻造的水平。物质和技术的传播与交流，体现着不同地域的经济生活方式和审美情趣，以及人们的思想观念。结合各地出土的粟黍作物、海贝饰件、彩陶及山字纹铜镜的发现，清晰地表明先秦时期新疆与中原进行了紧密的文化联系与交往。

两汉时期，西域设置西域都护府，有效行使对西域的治理和管辖，西域成为中国不可分割的一部分。同时，汉朝设官建制、颁赐印绶、屯田戍守、封赏赠赐、安辑诛伐，对新疆的开发作出重要贡献。魏晋南北朝时期，民族迁徙交往，文化传播深入，丝路高质拓展。故两汉魏晋南北朝时期，新疆社会经济稳定发展、文化繁荣、丝路开拓，推动了新疆与祖国各地交往交流交融。这一时期中原汉式铜镜在新疆地区出土数量最多，有 160 余件。除了部分铜镜承袭先秦时期的类型外，绝大多数铜镜都是中原汉式铜镜，主要类型有星云纹镜、铭文镜、博局纹镜、连弧纹镜、龙虎纹镜和禽兽纹镜等，有 150 余件，主要分布在若羌、民丰、尉犁、库车、吐鲁番等地。从分布的区域看，这些铜镜均出自丝绸之路必经之地，这与大一统的背景有密切关系。伴随着中央政权对西域的有效治理和统治，丝绸之路成为沟通东西方政治、经济、文化交流和融合的大动脉。作为中华文化向西传播的物质载体之一的各类铜

① 梅建军：《关于新疆出土早期铜镜研究的几个问题》，载《第二届吐鲁番学国际学术研讨会论文集》，上海群书出版社，2005。

② A. A. 提什金、H. H. 谢列金：《金属镜：阿尔泰古代和中世纪的资料》，陕西省考古研究院译，文物出版社，2012。

镜在丝绸之路沿线大量出土，为系统探讨这一时期的历史文化、丝绸之路历史和东西方文化交流提供了极为重要的资料。

汉晋时期出土的用于盛装铜镜、梳妆用品等女红的用具，是用色泽艳丽、图案设计巧妙、工艺复杂的织物制作而成的，非常引人注目，承载了丰富的文化内涵和独特的审美情趣。

如1959年民丰县尼雅遗址一号墓地东汉墓出土的"君宜高官"镜，就盛放于刺绣镜袋内，置于藤条编成的圆奁中，同时奁中还有刺绣粉袋、梳、篦、各色丝线、丝绵团等。1992—1993年洛浦县山普拉墓地M6出土毛布包1件，内置一件汉式残铜镜，上铸铭文"见日之光"。1995年民丰县尼雅遗址一号墓地M3出土的漆奁中，有龙纹铜镜1件，出土时，铜镜盛放于"世毋极宜二亲传子孙"锦袋内。同一漆奁中，还有栉袋1件，以蓝色毛毡缝制而成，栉袋内梳、篦保存完好，其系结处缀饰一颗蓝色料珠。奁内还盛有小香囊、线轴及各种丝绸小团若干，以及一串三联的装有粉和胭脂的小绢包。碎片织物束中，保存了"王侯合昏千秋万岁宜子孙"锦和"世毋极"锦的残片。1995年民丰县尼雅遗址一号墓地M5出土缂花毛织带1件，出土时，袋内装有四乳四虺纹镜、铁带扣、红毛线绳、胭脂包和毛发等物。1995年民丰县尼雅遗址一号墓地M8出土虎斑纹锦袋1件，内纳置四乳简化博局镜、胭脂粉包、线团、绢卷、缠绕多色彩线的线轴、皮顶针等女红用品，还出土了著名的"五星出东方利中国"锦护臂。尼雅遗址、墓地，是汉晋时期非常重要的历史文化遗存，出土的大批珍贵文物大多出自规格高、墓主人身份地位特殊的墓葬。这些精美、华丽的铜镜和丝织物有可能是来自汉晋中央政权的封赏和赐赠。它向我们展现出汉晋时期新疆居民的物质文化生活和文明进程。同时，也实证了新疆地区物质文化的发展和繁荣。大量汉式铜镜的出土，揭示了国家治理西域的恢弘历史和各民族交往交流交融的内涵，更是丝绸之路上中华文明西传的重要见证。铜镜作为丝绸之路上流通的物品，在新疆周边地区不断被发现。在中亚和西亚地区的俄罗斯、哈萨克斯坦、阿富汗、乌兹别克斯坦、塔吉克斯坦、吉尔吉斯斯坦、伊朗、乌克兰等国均有发现。白云翔先生在《汉式铜镜在中亚的发现及其认识》一文中记载：汉式镜在中亚地区的24个地点发现计46件以上，此外，塔什干博物馆收藏有当地出土的汉式镜多件。中亚地区出土的汉式铜镜分为"汉镜"和"仿汉镜"。他认为："张骞第二次出使西域所携带大量'金币帛'中，推测应当包括铜镜……他们携带的铜镜传到了西域诸国，西域诸国使者来使汉朝也会将铜镜带回去。汉武帝时期出现的星云纹镜、连弧纹铭带镜等汉镜传入中亚，正是在这样的历史背景下发生的。因此，汉镜最初传入中亚的年代，或在公元前2世纪末前后。"① "在费尔干纳盆地公元1世纪以前的80处墓群500座以上，而这些墓葬中大都发现有汉式镜。"②

新疆地区出土的隋唐时期铜镜有30余件，多为海兽葡萄纹镜、葵花形镜、菱花镜等镜形，题材以花鸟瑞兽及神仙人物故事为主。基本均为中原内地的铸镜，与此前各代铜镜相比，从形制到纹饰呈现出新的面貌，较多地采用写实的手法，纹饰华丽生动，具有很高的艺术和科学价值，为研究中国古代冶铸工艺、中国古代科学技术史提供了重要资料。这批铜镜较多出于唐西州、伊犁和庭州等地域的墓葬中，个别出自草原地域游牧人的墓中，结合考古材料看，随葬铜镜的墓葬主人身份地位较高。这一时期铜镜的出土和发现，揭示出隋唐时期丝路交流的频密、多元文化的交流汇聚，深刻地阐明了自汉代以来，中华各族在西域的交往。

宋代以后，中国铜镜的发展进入了一个新阶段。因大量铸钱造成铜材料匮乏，规定民间不得私自造镜，限制了制镜业的发展，但铜镜的使用却很普遍。铜镜进一步被商品化，很多铜镜上铸有产地和姓氏铭文，具有当今商标的性质。宋辽金元时期的铜镜在新疆有40余件，主要类型有瑞鸟镜、缠枝花草镜、双鱼纹镜、神仙人物故事镜、铭文镜、双龙镜等。

明清时期玻璃镜逐渐普及，铜镜结束了其发展历程。新疆出土明清时期的青铜镜数量较少，主要以征集为主，有瑞兽纹镜、文字镜、人物故事镜和钟形铜镜等，出现"五子登科""状元及第""金玉满堂""长命富贵"等喜庆吉祥语镜。

三

随着新疆考古工作的不断深入，发掘出土的铜镜数量日渐丰富。作为断

---

① 白云翔：《汉式铜镜在中亚的发现及其认识》，《文物》2010年第1期，第78-86页。

② 扎德涅普罗夫斯基、鲁沃莱斯尼琴科：《中亚费尔干纳出土的汉式镜》，白云翔译，《考古与文物》1998年第3期。

代的标准器和东西方文化交流的重要实证，新疆地区的铜镜为学界所密切关注，涉及铜镜的研究不断深化。主要有龚国强、刘学堂、宋新潮、梅建军、白云翔、韩磊、陈亚军等一批专家学者，他们用考古学和科技分析的方法，对新疆地区出土的古代铜镜进行了研究，主要体现在以下几个方面：

一是新疆早期铜镜的制作技术和起源方面。

刘学堂《新疆地区早期铜镜及相关问题》[①] 一文，就新疆地区古代墓葬遗址中出土的青铜时代至早期铁器时代铜镜的分析，阐述它与中原古代铜镜的关系。之后宋新潮 1997 年发表《中国早期铜镜及其相关问题》[②] 一文，专门有对新疆早期出土铜镜的分析研究。1999 年刘学堂《中国早期铜镜起源研究——中国铜镜起源西域说》[③] 中，进一步对考古发现的中国早期铜镜进行了比较分析，认为新疆哈密市天山北路墓地是目前圆形铜镜最早的发现地。同时结合天山北路墓地大量出土的各种牌饰和民族学材料，对圆形铜镜起源于原始社会巫师法器说有了进一步的认识。《论中国早期铜镜源于西域》[④] 一文，对新疆早期铜镜的起源、功能和用途作了较全面的探讨，认为中国早期铜镜可能源于西域；又通过与民族学材料比较，认为中国早期铜镜最初源于萨满教的巫具。

梅建军《关于新疆出土早期铜镜研究的几个问题》[⑤]，就新疆出土铜镜的研究作了全面评述，并就新疆铜镜起源和发展中的外来文化因素、新疆纹饰镜发现的学术意义，以及铜镜科学分析所揭示的文化传播或联系的迹象提出了自己的看法。他的《新疆伊犁地区出土的一面带柄铜镜的科学分析》[⑥] 和《新疆伊犁地区出土史前铜器的科学分析》[⑦]，用自然科学的方法，探讨了新疆地区早期冶金发展及其在古代冶金史中的重要地位以及与周邻地区的关系，

---

① 刘学堂：《新疆地区早期铜镜及相关问题》，《新疆文物》1993 年第 1 期。

② 宋新潮：《中国早期铜镜及其相关问题》，《考古学报》1997 年第 2 期。

③ 刘学堂：《中国早期铜镜起源研究——中国早期铜镜起源西域说》，《新疆文物》1998 年第 3 期。

④ 刘学堂：《论中国早期铜镜源于西域》，《新疆师范大学学报（哲学社会科学版）》1999 年第 3 期。

⑤ 新疆吐鲁番地区文物局：《第二届吐鲁番学国际学术会议研讨会论文集》，上海辞书出版社，2006，第 246-251 页。

⑥ 梅建军等：《新疆伊犁地区出土的一面带柄铜镜的科学分析》，《吐鲁番学研究》2003 年第 1 期。

⑦ 凌勇、梅建军、吕恩国：《新疆伊犁地区出土史前铜器的科学分析》，《自然科学史研究》2008 年第 27 卷第 3 期。

认为新疆地区早期冶金发展反映了新疆与周邻地区的文化互动。

龚国强《新疆地区早期铜器略论》① 一文，根据已发表的考古资料，对新疆地区早期铜器的发展阶段、铜器类别作了划分，并对该地区的铜器特点等问题进行概括。他将新疆地区早期铜镜分为三式：圆形背钮镜、圆片镜、带柄镜。

李水城《〈中国早期铜镜起源及相关问题〉读后》②、陈亚军《河西走廊发现早期带柄铜镜研究》③ 认为河西走廊发现的早期具柄铜镜根植于欧亚草原游牧文化，源自阿尔泰地区，进入新疆后传播至河西走廊，并不断地向北方地区和川西高原传布。这类铜镜除具有生活化的用途之外，也被赋予了与萨满信仰相关的神秘性。

二是新疆考古出土的汉代铜镜的研究方面。

文婧《浅析新疆考古出土的汉代铜镜》④ 一文，对新疆出土的 17 面汉代铜镜作了收集整理和描述。把铜镜按照形制和花纹分为四类，根据其自身特点和出土物组合，探讨了相关的历史和文化信息。

三是新疆早期铜镜的交流传播方面。

潘静、井中伟《中国早期铜镜的类型、流布和功能》⑤ 一文，论述了中国铜镜最早出现于甘肃、青海和新疆东部地区，晚商时已出现地区间的影响和交流，中原和新疆成为其分布重心，春秋时期中原、东北和新疆正式形成了本地的用镜系统。河西走廊至新疆东部地区应是探寻中国具钮镜起源的重要线索地。有柄镜源自西亚、北非，西周时传入新疆和河西走廊。功能方面，早期铜镜一直作为梳妆用具，兼作配饰，亦曾是宗教法器和等级地位的象征。

韩磊《新疆与西藏考古发现带柄铜镜的相关问题》⑥ 就新疆地区在同一时期出土的带柄铜镜与西藏所出土的带柄铜镜有着一定的相似度这一问题进行了研究，试图在现已发现的考古材料下，说明新藏两地所发现带柄铜镜以及铜镜背后所处文化背景等方面的关联性。

---

① 龚国强：《新疆地区早期铜器略论》，《考古》1997 年第 9 期。

② 李水城：《〈中国早期铜镜起源及相关问题〉读后》，《中国文物报》1998 年 12 月 2 日，第 3 版。

③ 陈亚军：《河西走廊发现早期带柄铜镜研究》，《敦煌学辑刊》2020 年第 4 期。

④ 文婧：《浅析新疆考古出土的汉代铜镜》，《昌吉学院学报》2008 年第 1 期。

⑤ 潘静、井中伟：《中国早期铜镜的类型、流布和功能》，《西域研究》2020 年第 2 期。

⑥ 韩磊：《新疆与西藏考古发现带柄铜镜的相关问题》，《文化创新比较研究》2017 年第 26 期。

罗佳《东天山地区史前铜器艺术探微》① 着重探讨了东天山地区史前考古所见铜镜、铜镞、铜刀和铜饰的艺术风格、文化内涵和源流关系，以揭示该地区史前铜器艺术的独有审美特质及其在中国古代艺术史和内陆欧亚早期文化交流史中的重要地位和价值。

四是关于新疆铜镜的发现和研究方面。

牛耕《巴音郭楞考古发现的铜镜》② 就自 1963 年以来巴音郭楞蒙古自治州境内的考古调查和发掘出土的 45 件铜镜进行分类研究，认为楼兰地区西汉中期汉式铜镜的出现，从一个侧面反映出，在汉武帝时期楼兰是汉政府各项政策进入西域的一个非常重要的落脚点，也是丝绸之路新疆段南北道的起始点。

张玲玲《历代中原铜镜的工艺类型及在新疆的遗存》③ 一文，以时间为线索，论述中原铜镜在新疆的流传，以此说明中原与西域的文化交流。

另外还有李春长《吐鲁番出土的秦王镜》和韩雪昆《新疆博尔塔拉州出土的几件古代铜镜》，都对新疆地区出土的铜镜作了分析和研究。

四

铜镜是中国古代金属器物之中沿用时间最长、使用范围最广，又对人们日常生活产生过诸多影响的古器物之一。它复杂的造型、纹饰以及丰富的铭文、精湛的工艺，承载着各个历史时期的审美意趣和冶铸工艺，其功能拓展到社会的各个方面，被赋予了更多的社会文化意义，已经成为中国文化的一个组成部分。它除了是人们日常的梳妆用具和佩饰外，还作为进贡、赏赐、馈赠的物品，同时被赋予了神秘的色彩，具有避邪照妖、陪葬、巫术、占卜的功用。

首先，铜镜是实用器，作为日常梳妆用具毋庸置疑。新疆民丰县东汉墓葬出土的"君宜高官"镜，出土时盛放在绣花绸袋内，与木梳、粉袋、丝线

---

① 罗佳：《东天山地区史前铜器艺术探微》，《华南师范大学学报（社会科学版）》2014 年第 3 期。

② 牛耕：《巴音郭楞考古发现的铜镜》，《吐鲁番学研究》2021 年第 2 期。

③ 张玲玲：《历代中原铜镜的工艺类型及在新疆的遗存》，《新疆艺术学院学报》2009 年第 7 卷第 4 期。

等梳妆用具同放在藤奁内，是一套完整的汉式梳妆工具；民丰县尼雅遗址一号墓地 M5 墓主人为一名青年女性，她腰部的木叉上挂有化妆袋，内装铜镜、胭脂粉袋、丝线、带扣等，小木桶内装木纺轮，枳囊内装梳、绕线轴等物；1995 年民丰县尼雅遗址一号墓地 M3 出土铜镜置于镜袋内，纳漆奁中；在小河墓地和伊犁阔克西二号墓群 M47 墓中，女性墓主左手下方均有毛布梳妆袋，反映了当时的社会生活状况。

铜镜也被作为日常的佩饰用品。汉代诗人辛延年在《羽林郎》中有此类描写："贻我青铜镜，结我红罗裾。"考古发掘的资料对此也有印证，新疆和静县察吾乎沟口三号墓地 M7、新疆民丰县尼雅遗址一号墓地 M8 出土的铜镜分别装入黄色丝绢缝制的镜袋和虎斑纹锦袋内以便于佩带。此外，具柄镜的柄端基本都有穿孔或柄为环形，且出土时一般都在死者的腰部附近，应该是系挂在服饰上随身携带的物品。

铜镜还作为爱情的信物使用。铜镜多为圆形，寓"花好月圆"之意，象征爱情婚姻的美满。在西汉时期的铜镜中，常能见到"见日之光，长不相忘""大乐未央，长相思，愿毋相忘""与天无极，与地相长，欢乐未央，长毋相忘"等铭文，反映了当时人们的爱情生活和以镜铭寄托情爱相思的婚恋生活内容。

铜镜同时也有交换的功用。白居易《镜换杯》："欲将珠匣青铜镜，换取金尊白玉卮。镜里老来无避处，尊前愁至有消时。"刘禹锡《和乐天以镜换酒》："把取菱花百炼镜，换他竹叶十旬杯。"阿斯塔那 206 号张雄墓出土的《唐质库帐历》①中记载有马四娘以铜镜作为抵押，之后又将铜镜赎回的内容，说明了铜镜具有的商品属性。

其次，古代的铜镜绝大多数出自墓葬，它除了作为墓主生前所使用的物品、反映死者生前的生活状况外，还被赋予了避邪照妖的"神力"。以镜避邪照妖的习俗，是中国古代以至现代的传统观念。时至今日，还有人用镜子作为镇宅避邪的法器使用。铜镜曾被作为萨满巫师的法器或巫具使用。在新疆地区的很多墓葬中，出土有大量的镜形饰，有学者研究，它作为宗教用具，是原始萨满巫术仪式中的法具。刘学堂先生说："从早期铜镜发现的情况看，

① 国家文物局古文献研究室、新疆维吾尔自治区博物馆、武汉大学历史系编《吐鲁番出土文书（第五册）》，文物出版社，1983，第 319 页。

不少墓主人身上挂满了铜镜或圆形牌饰。这些铜镜显然不是用来照面的，也不仅仅是身上的装饰品，而是一种具有特殊用途的道具，即原始社会巫师进行原始宗教活动中使用的法器或巫具。"[①]

由于铜镜被赋予了很多社会功能，并兼具艺术与实用价值，自然成为古人相互馈赠的礼物，也被作为帝王的贡品或赏赐品使用。汉晋时期的铜镜，如同丝绸、漆器一样，是内地输出的高档物品，是高等级墓葬的随葬品，如尼雅遗址一号墓地3号墓、焉耆县黑疙瘩遗址等，随葬的织锦、漆器、青铜镜都非常精致、华贵，有可能是来自汉晋中央政权的封赏赐赠。

由于铜镜出土的地点和年代比较明确，具有鲜明的时代特征，作为断代的标准器在文物考古工作中发挥着十分重要的作用，具有极高的历史研究价值和学术价值。铜镜反映了一定的社会现象和意识形态，反映了人们的审美取向，在方寸之间将特定时代的历史文化信息以精美的艺术形式表现出来，为研究新疆古代社会生活、物质文化交流、科学技术的发展以及各民族交往交流交融的历史，提供了珍贵的实物资料。

[①] 刘学堂：《论中国早期铜镜源于西域》，《新疆师范大学学报》1999年第3期。

第一章　新疆古代铜镜的发现

据不完全统计，新疆地区发现的古代铜镜有 500 余件。铜镜的发现最早始自 20 世纪初外国探险家在塔里木盆地、吐鲁番等地的调查。其大体分为两个阶段：一是 19 世纪末至新中国成立，外国探险家和中瑞西北考查团在新疆地区进行探险和考察所获；二是新中国成立以来，文物考古工作者在天山南北的广大地区考古发现和重点征集。

一、19 世纪末至新中国成立新疆各地铜镜的发现情况

（一）外国探险家的发现

19 世纪末至 20 世纪中叶，瑞典、英国、法国、德国、日本等国探险家先后在我国新疆进行文物盗掘，挖掘、搜集了大量珍贵的文物，其中在若羌县楼兰古城、吐鲁番等地发现了一批重要的铜镜。据粗略统计：英国人奥里尔·斯坦因（又译作奥雷尔·斯坦因）在罗布泊、和田、楼兰、尼雅、吐鲁番等地[①]发现有 40 余件；瑞典人斯文·赫定、沃尔克·贝格曼在罗布泊地区[②]发现有 10 余件；日本大谷探险队在吐鲁番地区[③]的遗址中发现有 4 件。

瑞典人沃尔克·贝格曼著《新疆考古记》中有这样的记载："奥里尔·斯坦因在罗布泊地区共获 3 件完整的青铜镜和 26 块铜镜残片，其中的 11 件出自楼兰古城……一例有'见日之光，天下大明' 8 字铭文，这是在铭文铜镜上面常见的句

---

① 奥里尔·斯坦因：《斯坦因西域考古记》，向达译，新疆人民出版社，2013，第 136 页；奥雷尔·斯坦因：《亚洲腹地考古图记》，巫新华、秦立彦、龚国强、艾力江译，广西师范大学出版社，2004，第 181、313、324、335、336、337、338、339、344、348、367、370、371、372、397、837、838、839、840、843、848、849、856、934、1037、1126 页；奥雷尔·斯坦因：《古代和田——中国新疆考古发掘的详细报告》，巫新华、肖小勇、方晶、孙莉译，山东人民出版社，2009，第 398、454、455 页。

② 斯文·赫定、沃尔克·贝格曼：《横渡戈壁沙漠——考古探险笔记》，李述礼、张鸣译，新疆人民出版社，2013，第 317 页；沃尔克·贝格曼：《新疆考古记》，王安洪译，新疆人民出版社，2013，第 162、170、236、237、255、276、279、281、282、284、338、340 页。

③ 橘瑞超：《橘瑞超西行记》，柳洪亮译，新疆人民出版社，2013，第 226 页。附录六"朝鲜总督府博物馆中亚文物目录"编号 83、84、85 为吐鲁番铜镜 3 件。

子……这些遗物所具有的文物意义在于，它们毫无疑问全部来自中国内地。"①

另外，中瑞西北考查团成员黄文弼先生于 1927—1930 年、1933 年、1943 年进入新疆地区进行考古调查和研究，共发现铜镜 5 件。具体发现情况如下：

1. 楼兰古城地区

（1）奥里尔·斯坦因的发现。

1906 年 12 月在楼兰遗址发现 10 件，L. A. 发现铜镜残片 8 件（L. A. 0027、0028、0029、0078、0084、0085、00113、00163），② L. B. 发现 2 件（L. B. I—Ⅲ. 002、L. B. V. 006）。③

1914 年 2 月，在距离楼兰遗址 6 公里左右墓地发现有花纹的铜镜。④

1914 年 2 月，在 xcii 营地和 L. A. 遗址之间，采集青铜镜残缘，沿内有放射形条带纹饰（C. xcii. 068）。⑤

1914 年 2 月，在楼兰遗址 L. A. 遗址发现一件完整的铜镜（L. A. 0107，即规矩镜——译者）及另 3 片铜镜残片 L. A. 05、L. A. 025、L. A. 0124。⑥

1914 年 2 月，在楼兰遗址 L. D. 居址遗址发现铜镜残片一件（L. D. 09），"背面有中国风格的装饰"⑦。

1914 年 2 月，在楼兰遗址 L. C 墓地及附近发现保存完好的 2 件铜镜及一些残片。⑧ L. C. 013 圆形铜镜，素面宽平沿，背面的浅浮雕纹饰带内，逆向地凸起 8 个汉字铭文，字间用简单的装饰图案间隔开来。L. L. C. 021 圆形铜镜的背面也有浅浮雕纹饰，背面与正面似乎都镀银。L. C. 017—018 为铜镜小残片，018 上有条形装饰，可能是汉字；043—044，锈蚀，铜镜残片。

1914 年 2 月，在楼兰遗址 L. F 遗址发现 2 件。⑨ L. F. 06 铜镜，仅存残块，

---

① 沃尔克·贝格曼：《新疆考古记》，王安洪译，新疆人民出版社，2013，第 255 页。

② 奥雷尔·斯坦因：《西域考古图记》，巫新华、刘文锁等译，广西师范大学出版社，1998，第 252、253、254、255 页。

③ 同上书，第 263、269 页。

④ 奥里尔·斯坦因：《斯坦因西域考古记》，向达译，新疆人民出版社，2013，第 136 页。

⑤ 同上书，第 313、324 页。

⑥ 奥雷尔·斯坦因：《亚洲腹地考古图记》，巫新华、秦立彦、龚国强、艾力江译，广西师范大学出版社，2004，第 335、337、338、339 页。

⑦ 同上书，第 336 页。

⑧ 同上书，第 348、367、370、371、372 页。

⑨ 同上书，第 397 页。

边残，边沿凸起，向内作葵纹浮雕。纹饰间有汉字及浮雕的圆点，外饰阴刻条纹，由 2 片残片拼成。L. F. 07 铜镜残块为厚沿，辐射形条纹，浅浮雕。

1915 年 3 月，L. Q 墓地发现 L. Q. i. 02 青铜镜，薄圆盘，全部被锈蚀了。在镜面的两端附近各穿了一个孔，没有凸饰的迹象。[①]

（2）霍涅尔与陈宗器的发现。

1931 年，霍涅尔与陈宗器楼兰古城采集的 K. 13378. 34 为相当小的薄青铜镜残片，中心部分有低浮雕花卉纹，边缘轻微凸起，厚 0.24 厘米，直径约 8.6 厘米。另有 K. 13378：35 小青铜板残片。[②]

1934 年，陈宗器在楼兰古城采集 P1. 28：1~2 两个青铜镜边缘，明显属于汉代产品；P1. 28：4 出自一面小镜子，上带低浮雕花卉纹。32：60 为相当大的青铜镜残片，厚缘宽 2.3 厘米，有双波纹条带及一锯齿纹。再向内是一个"斜梳齿"图案区，直径约 14.5 厘米，缘厚 0.35 厘米。32：61 青铜镜残缘。边缘略加厚，宽 1.3 厘米，内侧有清晰的星纹，直径近 9 厘米，缘厚 0.25 厘米。32：62 一小块青铜镜残片，可能与 61 属同一面镜子。[③]

2. 罗布泊地区

（1）1906 年 12 月，奥里尔·斯坦因在罗布淖尔以北沙漠中发现铜镜残块 C. 126. 002 和铜镜残片 C. 126. 003。[④]

（2）沃尔克·贝格曼在罗布泊地区发现的铜镜。

1928 年 4 月，营盘墓地，阿不都热依木在靠近斯坦因挖掘过的那座坟墓附近发现了龙虎纹铜镜。[⑤]

1928 年 7 月，沃尔克·贝格曼于且末（车尔臣）发现带柄青铜镜 K. 13340。[⑥]

1930—1931 年，罗布泊地区采集 3 件，K. 13424：1 是同一面青铜镜的 3 块残片，厚缘处饰内向连弧纹（整个圆周共含 16 个这样的弧纹）。中心部分饰高

① 奥雷尔·斯坦因：《亚洲腹地考古图记》，巫新华、秦立彦、龚国强、艾力江译，广西师范大学出版社，2004，第 1037 页。
② 沃尔克·贝格曼：《新疆考古记》，王安洪译，新疆人民出版社，2013，第 236 页。
③ 同上书，第 231、237 页。
④ 奥雷尔·斯坦因：《西域考古图记》，巫新华、刘文锁等译，广西师范大学出版社，1998，第 223 页。
⑤ 沃尔克·贝格曼：《新疆考古记》，王安洪译，新疆人民出版社，2013，第 281、282、284 页。
⑥ 同上书，第 338、340、341 页。

浮雕，完整时镜子直径 10.8 厘米，缘厚 0.45 厘米。该镜属"百乳鉴"类，最早见于汉代早期。两小块厚缘铜镜 K.13379：14 及 K.13409，K.13409 上面有两排小三角纹、锯齿纹和之字纹。残片宽 1.8 厘米，厚 0.4 厘米。①

1934 年 6 月，罗布泊地区小河墓地附近的 C1 号墓，胡杨棺木中发现随葬红色绸套的铁镜。②

1934 年 4 月，罗布泊地区小河沿岸 6 号墓地墓 6.A，腰部附近发现有一锈蚀了的铁镜 6.A：13，上覆一块红绸，绸子用带方格纹的米色丝带镶边，丝带上曾经有一排小点状金箔。铁镜为圆形，背面中央有一钮。锈蚀特甚，直径 8.5 厘米。③

3. 和田地区

（1）1900 年 2 月，奥里尔·斯坦因收买圆形铸制青铜镜残片，显然是产自中原（N.009，N.0012.f.g.h），镜的正面有浮雕装饰。④

（2）1906 年，奥里尔·斯坦因在和田城搜集青铜镜缘碎块 Khot.01.aa，图案为两条凸带之间夹以交错之弓形。⑤

（3）1906 年，奥里尔·斯坦因在基内托拉克获青铜镜残片 Ki.0028，锈蚀严重，形状不规则，表面轻微弯曲。⑥

（4）1913 年 11 月，巴德鲁丁汗在和田地区采集 Badr.0273 青铜镜残块，并于 1915 年 6 月在喀什交给奥里尔·斯坦因。⑦ 此为边缘残块，葵形宽沿，镜面有两圈凸棱，宽沿与第一道凸棱、第一道与第二道凸棱之间分别有浮雕玫瑰花叶。镜的外缘较厚，内面较薄，锈蚀。⑧

---

① 沃尔克·贝格曼：《新疆考古记》，王安洪译，新疆人民出版社，2013，第 255、276、279 页。

② 斯文·赫定、沃尔克·贝格曼：《横渡戈壁沙漠——考古探险笔记》，李述礼、张鸣译，新疆人民出版社，2013，第 317 页。

③ 沃尔克·贝格曼：《新疆考古记》，王安洪译，新疆人民出版社，2013，第 162、170 页。

④ 奥雷尔·斯坦因：《古代和田——中国新疆考古发掘的详细报告》，巫新华、肖小勇、方晶、孙莉译，山东人民出版社，2009，第 398、454、455 页。

⑤ 奥雷尔·斯坦因：《西域考古图记》，巫新华、刘文锁等译，广西师范大学出版社，1998，第 71 页。

⑥ 同上书，第 80 页。

⑦ 奥雷尔·斯坦因：《亚洲腹地考古图记》，巫新华、秦立彦、龚国强、艾力江译，广西师范大学出版社，2004，第 154 页。

⑧ 同上书，第 154 页。

4. 吐鲁番地区

（1）1914年11月，奥里尔·斯坦因在高昌故城（亦都护城）发现2件，Kao.01圆形，一侧有柄，背面用很低的浮雕雕中国风格的风景；Kao.034圆形，背面镌着四个汉字。[①]

（2）1914年11月，奥里尔·斯坦因在阿斯塔那墓地（坟墓遗址）Kao.Ⅲ发现3件。

Kao.Ⅲ.01圆形铜镜，连着一个柄，一次浇铸而成。背面的边沿斜削过，边凹陷（无花纹），边里面是不可辨认的图案，大概是风景。凹陷部分继续延伸到柄上，形成了柄上的凹槽。正面无花纹，做工粗糙。

Kao.Ⅲ.02圆形铜镜。有柄，一次浇铸而成。正面无花纹，背面有凸起的花纹，表现的是一个行吟歌手在演奏一件打击乐器，可能同时还在跳舞。三个男孩子在听他演奏，其中一个男孩在前景中，趴在地上，他前面有一串铜钱。

Kao.Ⅲ.0127青铜镜残件。有部分扁平加厚的边框，边里侧较薄，刻着三条环形线，已皱缩。

（3）1914年11月，奥里尔·斯坦因在阿斯塔那墓地Ast.ix.2.a木棺里发现一面小银镜，背面是浮雕的莲花，钮上残存深红色丝线。[②]

（4）日本人橘瑞超在吐鲁番地区发现3件。[③]

5. 库车地区

1915年5月，奥里尔·斯坦因在库车城搜集到Kucha020青铜镜，背中心凸起部有穿绳孔。[④]

（二）中瑞西北考查团成员的发现

黄文弼先生于1927—1930年、1933年、1943年在新疆地区进行考古调查

---

① 奥雷尔·斯坦因：《亚洲腹地考古图记》，巫新华、秦立彦、龚国强、艾力江译，广西师范大学出版社，2004，第837、838、839、840、843、848、849、856页。

② 同上书，第934、985页。

③ 橘瑞超：《橘瑞超西行记》，柳洪亮译，新疆人民出版社，2013，第226页。附录六"朝鲜总督府博物馆中亚文物目录"编号83、84、85为吐鲁番铜镜3件。

④ 奥雷尔·斯坦因：《亚洲腹地考古图记》，巫新华、秦立彦、龚国强、艾力江译，广西师范大学出版社，2004，第1126页。

和研究，发掘出土和采集的铜镜有：

（1）1928 年 7 月，在焉耆四十里城市旧城发现铜镜 1 件。①

（2）1928 年 7 月，在库尔勒附近发现铜镜 1 件。②

（3）1929 年 4 月，在罗布泊岸边古墓葬，发现残块铜镜，镜为宽边，似天马葡萄镜之残破者，汉物。③

（4）1929 年 4 月，在罗布泊岸边古墓葬，发现汉铜镜碎片。④

（5）1930 年 4 月，在罗布淖尔发现铜镜残块，由铜镜之边缘，可确定其为汉物无疑也。⑤

二、新中国成立以来新疆各地铜镜的发现情况

新中国成立以来，文物考古科学研究人员在天山南北的广大地区，进行了大规模的文物考古调查和考古发掘，共出土、采集、征集、移交、捐赠各类铜镜 400 余件，其中完整的铜镜有 300 余件。现就各地铜镜的发现情况作简要介绍。

（一）乌鲁木齐地区：共发现铜镜 16 件

（1）阿拉沟古东风机械厂墓地，1976—1978 年发掘，出土春秋战国时期无孔柄镜 1 件，直径 6~7 厘米。⑥

（2）乌拉泊古墓葬，1983—1984 年发掘，出土战国—西汉时期铜镜 3 件。其中两件为短柄圆镜，柄的末端有一小孔。⑦

（3）乌鲁木齐板房沟村，1990 年 6 月，乌鲁木齐市文物管理所收集到农

---

① 黄烈编《黄文弼蒙新考察日记（1927—1930）》，文物出版社，1990，第 214 页；黄文弼：《塔里木盆地考古记》，科学出版社，1958，第 6 页。

② 黄烈编《黄文弼蒙新考察日记（1927—1930）》，文物出版社，1990，第 214 页。

③ 同上书，第 541 页。

④ 同上书，第 541 页。

⑤ 黄烈编《黄文弼历史考古论集》，文物出版社，1989，第 364 页。

⑥ 张玉忠：《天山阿拉沟考古考察与研究》，《西北史地》1987 年第 3 期。

⑦ 新疆文物考古研究所：《乌鲁木齐乌拉泊古墓葬发掘研究》，《新疆社会科学》1986 年第 1 期；新疆文物考古研究所：《新疆文物考古新收获（1979—1989）》，新疆人民出版社，1995，第 323-329 页。

民挖土发现的春秋—汉代铜镜 1 件，残长 7.3 厘米、宽 6 厘米、厚 0.3 厘米。①

（4）乌鲁木齐柴窝堡古墓葬，1991 年 8 月 M1 出土早期铁器时代铜镜 1 件，圆形带柄，镜面直径 7.7 厘米、厚 0.2 厘米，柄长 3.3 厘米。②

（5）乌鲁木齐萨恩萨伊墓地，2006—2008 年发掘出土铜镜 5 件。③ 其中：

青铜时代晚期铜镜 3 件：折缘镜 2 件，M89 出土，直径 14.3 厘米、厚 0.1 厘米；M106 出土，直径 9.6 厘米、厚 0.2 厘米。放射纹镜 1 件，M113 出土，直径 11.3 厘米、厚 0.3 厘米。

早期铁器时代铜镜 1 件：M82 出土，素面，圆形，直径 10.9 厘米、厚 0.1 厘米。

唐代铜镜 1 件：四神文字镜，M144 出土，直径 8.4 厘米、厚 0.2 厘米。

（6）乌拉泊古城，采集宋代凤纹镜 1 件。

（7）李果先生 2018 年捐赠明代四乳神兽镜 1 件，直径 6 厘米、厚 1.5 厘米。

（8）征集宋代铜镜 3 件，分别为树下人物故事镜、带夔龙表号镜和八瓣菱花形八卦镜。

（二）吐鲁番地区：共发现铜镜 18 件

1. 高昌区 14 件

（1）阿斯塔纳古墓群，1972 年末至 1973 年初发掘，出土魏晋南北朝时期铜镜 2 件，M201 出土 1 件，直径 5.8 厘米、厚 0.2 厘米；M148 出土 1 件，直径 12.4 厘米。④

（2）艾丁湖古墓葬出土 2 件。1980 年 5 月，出土西汉素面铜镜 1 件，直

① 乌鲁木齐文管所：《乌鲁木齐板房沟新发现的两批铜器》，《新疆文物》1990 年第 4 期；新疆文物考古研究所、新疆维吾尔自治区博物馆：《新疆文物考古新收获（续）1990—1996》，新疆美术摄影出版社，1997，第 437-439 页。

② 新疆文物考古研究所、西北大学文博学院八九级考古班：《乌鲁木齐柴窝堡古墓葬发掘报告》，《新疆文物》1998 年第 1 期。

③ 新疆文物考古研究所、乌鲁木齐文物管理所：《乌鲁木齐萨恩萨伊墓地考古发掘报告》，《新疆文物》2010 年第 2 期。

④ 新疆维吾尔自治区文物局：《丝路瑰宝》，新疆人民出版社，2011，第 125 页；新疆文物考古研究所：《阿斯塔纳古墓群第十次发掘简报》，《新疆文物》2000 年第 3-4 期，第 111、138 页。

径为 7 厘米，铜镜残块 1 件。[①]

（3）吐鲁番艾丁湖乡潘坎，1989 年 9 月，出土战国—西汉素面铜镜 1 件，直径 5.4 厘米、厚 0.1 厘米。[②]

（4）交河沟北一号墓地，1993 年、1994 年发掘，出土汉代铜镜 2 件。M10 出土铁质直柄铜镜 1 件，镜直径 7.35~8.15 厘米、厚 0.05~0.1 厘米，柄长 7.3 厘米；M16 出土"S"形曲柄镜 1 件，直径 6.2 厘米、厚 0.2 厘米，柄长 5.2 厘米。[③]

（5）交河故城沟北墓地，1994 年出土汉代柄镜 1 件，柄残缺，直径 7.3~8.1 厘米、厚 0.1 厘米。[④]

（6）交河沟西墓地，1994—1996 年发掘，M1 出土东汉星云纹铜镜 1 件。残存 1/4，复原直径 11 厘米。[⑤]

（7）巴达木墓地，2004 年 10 月至 2005 年 10 月发掘，二号台地 M223 出土唐西州国时期葡萄纹铜镜 1 件，直径 9.4 厘米、厚 0.4 厘米。[⑥]

（8）木纳尔墓地，2004 年 10 月至 2005 年 10 月发掘，三号台地 M311 出土麴氏高昌国晚期至唐西州瑞兽铭带纹镜 1 件。外区有"赏得秦王镜判不惜千金非闺欲照胆持是自明心" 20 字，直径 9.5 厘米、厚 0.74 厘米。[⑦]

（9）吐鲁番雅尔塘墓地，2007 年 4 月发掘，M2 出土唐代菱形雀绕花枝

---

① 新疆维吾尔自治区博物馆、吐鲁番地区文管所：《吐鲁番艾丁湖古墓葬》，《考古》1982 年 4 期；新疆文物考古研究所：《新疆文物考古新收获（1979—1989）》，1995，新疆人民出版社，第 312-320 页。

② 柳洪亮：《吐鲁番艾丁湖潘坎出土的虎叼羊纹饰牌》，《新疆文物》1992 年第 2 期。

③ 联合国教科文组织驻中国代表处、新疆文物事业管理局、新疆文物考古研究所：《交河故城——1993 年、1994 年度考古发掘报告》，东方出版社，1998，第 62 页。

④ 新疆文物考古研究所：《吐鲁番交河故城沟北墓葬发掘简报》，《文物》1999 年第 6 期，第 25 页。

⑤ 新疆文物考古研究所：《交河沟西——1994—1996 年度考古发掘报告》，新疆人民出版社，2001，第 9 页。

⑥ 吐鲁番地区文物局：《新疆吐鲁番地区巴达木墓地发掘简报》，《考古》2006 年第 12 期；李萧主编《吐鲁番文物精粹》，上海辞书出版社，2006，第 123 页；吐鲁番市文物局、吐鲁番学研究院、吐鲁番博物馆：《吐鲁番晋唐墓地—交河沟西、木纳尔、巴达木发掘报告》，文物出版社，2019，第 247 页。

⑦ 吐鲁番地区文物局：《新疆吐鲁番地区木纳尔墓地的发掘》，《考古》2006 年第 12 期；李萧主编《吐鲁番文物精粹》，上海辞书出版社，2006，第 123 页；吐鲁番市文物局、吐鲁番学研究院、吐鲁番博物馆：《吐鲁番晋唐墓地——交河沟西、木纳尔、巴达木发掘报告》，文物出版社，2019，第 130 页。

镜 1 件，直径 10.75 厘米。①

（10）吐鲁番胜金店墓地，2007 年出土西汉时期木柄铜镜 1 件。青铜镜残片被镶嵌在圆形带柄木框中，长 10.5 厘米、镜框径 4.4 厘米、厚 0.4 厘米。

（11）吐鲁番加依墓地，2013 年 12 月至 2014 年 1 月发掘，出土青铜时代至早期铁器时代几何纹镜 1 件，直径 6.8 厘米。②

2. 鄯善县 4 件

（1）1987 年，洋海墓地出土 1 件。由公安部门收缴后移交，直径 7 厘米、厚 0.1~0.2 厘米。③

（2）1988 年，洋海墓地 M99 出土圆形带柄铜镜 1 件，直径 11.5 厘米、通长 15.5 厘米。④

（3）1991 年，鄯善县苏贝希墓群三号墓地 M17 出土战国—西汉时期圆形铜镜 1 件，厚 0.1 厘米、直径 9.3 厘米。⑤

（4）2003 年，鄯善县洋海墓地出土汉代圆形带柄铜镜 1 件，直径 2.2 厘米。⑥

（三）哈密地区：共发现铜镜 59 件

1. 哈密市 31 件

（1）焉不拉克墓地出土青铜时代晚期至早期铁器时代铜镜 7 件。其中，黄文弼先生 1957 年在哈密地区焉不拉村发掘出土的 3 件铜镜，直径分别为

① 新疆文物考古研究所、吐鲁番地区文物局：《吐鲁番乌堂、雅尔塘墓地考古发掘简报》，《新疆文物》2009 年第 2 期。

② 吐鲁番学研究院、新疆文物考古研究所：《吐鲁番加依墓地发掘简报》，《吐鲁番学研究》2014 年第 1 期，第 1-19 页。

③ 新疆文物考古研究所：《"鄯善古墓被盗案"中部分文物之介绍》，《新疆文物》1989 年第 4 期；吐鲁番市文物局、新疆文物考古研究所、吐鲁番学研究院、吐鲁番博物馆：《新疆洋海墓地》，文物出版社，2019；新疆文物考古研究所：《鄯善县洋海、达浪坎儿古墓群清理简报》，《新疆文物》1989 年第 4 期。

④ 吐鲁番市文物局、新疆文物考古研究所、吐鲁番学研究院、吐鲁番博物馆：《新疆洋海墓地》，文物出版社，2019。

⑤ 新疆文物考古研究所、吐鲁番博物馆：《鄯善县苏贝希墓群三号墓地》，《新疆文物》1994 年第 2 期。

⑥ 吐鲁番市文物局、新疆文物考古研究所、吐鲁番学研究院、吐鲁番博物馆编著《新疆洋海墓地》，文物出版社，2019。

6.1 厘米、5.7 厘米、7.8 厘米。①

1986 年 4—5 月焉不拉村发掘出土素面圆镜 4 件。64：3 桥形钮，直径 6.7 厘米、厚 0.2 厘米；因发掘报告未出，根据现有资料收集到 17 件铜镜。其中，45：3 矩形钮，直径 4.5 厘米、厚 0.1 厘米。②

（2）五堡墓地，1978 年发掘，出土青铜时代中晚期直柄铜镜 1 件，通长 15.3 厘米，直径 8.5~9.5 厘米，柄长 6 厘米，宽 1.9 厘米。③

（3）天山北路墓地（林雅墓地），1988—1997 年出土青铜时代早期铜镜数十件。素面圆镜 12 件，直径分别在 5.5~7.1 厘米；放射状纹饰镜 3 件，直径分别为 7.3 厘米、7.4 厘米、8.8 厘米；人面纹铜镜 1 件，直径 7.8 厘米；无孔柄镜 1 件，通长 11 厘米、直径 7.2 厘米。④

（4）黄田上庙尔沟村 1 号墓地，1996 年 7 月，出土战国时期残镜 1 件。残片最宽处 4.7 厘米。⑤

（5）哈密市艾斯克霞尔南墓地 M117 出土兽柄铜镜 1 件。

（6）哈密市拉甫却克墓地出土铜镜 2 件。⑥ M35 出土汉代三虎纹铜镜 1 件；M25 出土唐代四神十二生肖镜 1 件，直径 16.9 厘米。

（7）哈密五堡亚尔墓地 2013 年出土东汉铜镜 2 件。"长毋相忘，既长相思"铭文镜 1 件，直径 10 厘米；素面镜 1 件，直径 5.4~5.8 厘米。

2. 巴里坤县 22 件

（1）南湾墓地，1981—1982 年，出土青铜时代中晚期圆形铜镜 3 件。

---

① 黄文弼：《新疆考古发掘报告（1957—1958）》，文物出版社，1983，第 1-8 页。

② 新疆维吾尔自治区文化厅文物处、新疆大学历史系文博干部专修班：《新疆哈密焉不拉克墓地发掘报告》，《考古学报》1989 年第 3 期；新疆文物考古研究所：《新疆文物考古新收获（1979—1989）》，新疆人民出版社，1995，第 52-87 页。

③ 新疆维吾尔自治区文物局编《丝路瑰宝——新疆馆藏文物精品图录》，新疆人民出版社，2011，第 168 页；哈密博物馆：《哈密文物精粹》，科学出版社，2013，第 57 页。

④ 王毅民主编《哈密文物志》，新疆人民出版社，1993，第 143-144 页；哈密博物馆：《哈密文物精粹》，科学出版社，2013，第 36、89、107 页；新疆维吾尔自治区文物局编《丝路瑰宝——新疆馆藏文物精品图录》，新疆人民出版社，2011，第 240 页。

⑤ 新疆文物考古研究所、哈密地区文物管理所：《1996 年哈密黄田上庙尔沟村 1 号墓地发掘简报》，《新疆文物》2004 年第 2 期。

⑥ 王永强：《唐纳职城寻踪——哈密市拉甫却克墓地考古记》，《文物天地》2021 年第 361 期，第 112-117 页。

M36，直径 9.5 厘米；M3 直径 8 厘米；M16 直径 10.6 厘米、厚 0.1 厘米。[1]

（2）巴里坤大河古城，1985 年 11 月，采集唐代铜镜 1 件。[2]

（3）巴里坤县大红柳峡乡沙沟古墓，1988 年出土宋代铜镜 1 件。[3]

（4）巴里坤县塔斯巴斯陶北墓地，1988 年出土有文字的护心镜 1 件。[4]

（5）巴里坤黑沟梁墓地，1993—1994 年发掘，出土铜镜 14 件，其中，两块残片，一块为羽状地纹残镜片；8 件有柄镜；4 件素面圆镜。[5]

（6）巴里坤东黑沟遗址，2006 年 6—9 月发掘，M015 墓中出土西汉前期素面铜镜 1 件，镜面直径 5.8 厘米、厚 0.3 厘米。[6]

（7）巴里坤县征集宋代四凤纹铁镜 1 件，直径 13.2 厘米，厚 0.8 厘米。[7]

3. 伊吾县 6 件

（1）伊吾县，1965 年征集战国立羊柄铜镜 1 件。通高 16 厘米、直径 7.7 厘米。

（2）拜其尔墓地，2004—2005 年，在 M26、M32、M61 出土战国—秦汉铜镜 3 件。M26：5，具柄铜镜，镜身直径 6.1 厘米、柄残长 1.2 厘米；M32：3，直径 5.2 厘米；M61：9，直径 9.3 厘米、高 1.5 厘米。[8]

（3）托背梁墓地，2009 年 5—6 月，出土战国—汉带柄铜镜 2 件。M3：8，通长 8.8 厘米，直径 4.7～4.85 厘米，镜柄长 4.8 厘米；M15：1 带半环形短柄，通长 9.9 厘米、厚 0.25 厘米。[9]

---

① 羊毅勇：《新疆的铜石并用文化》，《新疆文物》1985 年第 1 期；贺新：《巴里坤南湾 M16 号墓清理简报》，《新疆社会科学研究》1987 年第 16 期。

② 哈密地区文管所：《巴里坤大河古城调查》，《新疆文物》1987 年第 3 期。

③ 新疆维吾尔自治区文物普查办公室哈密地区文物普查队：《哈密地区文物普查资料》，《新疆文物》1991 年第 4 期。

④ 同上书。

⑤ 磨占雄：《黑沟梁墓地与东黑沟墓地的考古类型学比较研究》，硕士学位论文，西北大学文化遗产管理系，2008，第 28 页。

⑥ 新疆文物考古研究所、西北大学文化遗产保护与考古学研究中心：《2006 年巴里坤东黑沟遗址发掘》，《新疆文物》2007 年第 2 期。

⑦ 哈密博物馆：《哈密文物精粹》，科学出版社，2013，第 259 页。

⑧ 新疆文物考古研究所、西北大学文化遗产学院、哈密市文物局、哈密博物馆、伊吾县文物管理局：《新疆拜其尔墓地——2004—2005 年度发掘报告》，文物出版社，2020，第 84、92、141 页。

⑨ 西北大学文化遗产保护与考古学研究中心、新疆文物考古研究所、哈密地区文物局：《2009 年伊吾县托背梁墓地考古发掘简报》，《新疆文物》2014 年第 2 期。

（四）昌吉回族自治州：共发现铜镜 62 件

1. 昌吉市 3 件

（1）昌吉市努尔加墓地，2012 年 6—8 月，M34 出土早期铁器时代铜镜 1 件，直径 8.1 厘米、厚 0.3 厘米。[①]

（2）昌吉市宁边粮仓遗址博物馆，征集前斯基泰文化带柄铜镜 1 件，通长 17.8 厘米、最宽处 7 厘米。[②]

（3）昌吉市阿什里村，1991 年采集唐代海兽葡萄纹镜 1 件，直径 11.5 厘米。[③]

2. 阜康市 17 件

（1）阜康市三工河西岸农田，1992 年 2 月采集柳毅传书故事镜 1 件，直径 10 厘米、边厚 0.4 厘米。[④]

（2）阜康市三工河乡，1994 年征集苏贝希文化桃形带柄铜镜 1 件，通高 15.6 厘米、宽 11.27 厘米、厚 0.2 厘米。[⑤]

（3）阜康市白杨河墓地，2010 年 4—8 月，M37 出土两宋时期几何纹镜 1 件，直径 7 厘米。[⑥]

（4）阜康市西沟墓地，2010 年 9—10 月，出土隋唐时期铜镜 2 件。M2 疑似葡萄纹铜镜残件 1 件，残长 8.8 厘米、残宽 3.8 厘米；M17 素面残镜 1 件，残长 8.1 厘米、残宽 8.1 厘米。[⑦]

（5）阜康市白杨河上游墓群，2016 年 9 月至 2017 年 9 月发掘，出土早期铁器时代至晋唐时期铜镜 4 件。[⑧] ⅡM19：1 残长 9 厘米、最宽 5 厘米；ⅡM1B：1

① 新疆文物考古研究所：《昌吉努尔加墓地考古发掘简报》，《新疆文物》2013 年第 3—4 期。

② 新疆昌吉回族自治州文物局编《丝绸之路天山廊道——新疆昌吉古代遗址与馆藏文物精品》（上册），文物出版社，2014，第 205 页。

③ 李来顺：《昌吉阿什里发现铜镜和鎏金佛像》，《新疆文物》1992 年第 3 期，第 102 页。

④ 萨恒塔伊：《阜康县三宫乡西辽铜镜》，《中国考古学年鉴》1993，第 265—266 页。

⑤ 新疆昌吉回族自治州文物局编《丝绸之路天山廊道——新疆昌吉古代遗址与馆藏文物精品》（上册），文物出版社，2014，第 260 页。

⑥ 新疆文物考古研究所：《阜康市白杨河墓地考古发掘简报》，《新疆文物》2012 年第 1 期。

⑦ 新疆文物考古研究所：《阜康市西沟墓地、遗址考古发掘简报》，《新疆文物》2016 年第 1 期。

⑧ 新疆文物考古研究所、新疆维吾尔自治区博物馆：《新疆阜康白杨河上游墓群发掘简报》，《文物》2020 年第 12 期。

残存少半部，残长 11.5 厘米、残宽 6 厘米。

（6）阜康六运古城，采集唐代海兽葡萄纹镜 1 件，直径 9.7 厘米、厚 0.85 厘米。[①]

（7）阜康北庄子古城，采集唐代葵口荷塘飞鸟纹铜镜 1 件，直径 10.5 厘米、厚 0.75 厘米。[②]

（8）阜康市博物馆，征集清代仿"和式镜"1 件，左侧有"藤原光政"款。通长 22.7 厘米、直径 14 厘米。[③]

（9）阜康市四工河墓地，2017 年出土春秋战国时期铜镜 2 件。M12B：4 为素面具柄镜，直径 8.4 厘米、柄长 0.8 厘米；M27：2 为素面圆镜，直径 11.6 厘米。[④]

（10）阜康市黄山河水库墓地，2017—2018 年，出土铜镜 2 件。战国至西汉 1 件，M3：1，圆形，带柄，柄上有孔，镜面和柄上有横向的 2 个钮，直径 13.9 厘米、柄长 4.2 厘米；晚唐至宋初 1 件，M26：8 为葵花形，仅存 1/4，直径 11.8 厘米。[⑤]

（11）阜康县（1992 年撤县设市）1989 年征集清"长命富贵"铜镜 1 件，直径 9.3 厘米、宽 0.58 厘米。

3. 呼图壁县 5 件

（1）石门子墓地，2008 年二十里店征集明代龙凤纹镜 1 件，直径 9.3 厘米、厚 0.9 厘米。[⑥]

（2）石门子墓地，2008 年 7 月，出土春秋战国时期铜镜 2 件。[⑦] M58 残长 3.2 厘米、宽 3.5 厘米；M52 直径 11.3 厘米、镜面厚 0.5 厘米。

[①] 新疆昌吉回族自治州文物局编《丝绸之路天山廊道——新疆昌吉古代遗址与馆藏文物精品》（下册），文物出版社，2014，第 457 页。

[②] 同上书，第 454 页。

[③] 同上书，第 639 页。

[④] 新疆维吾尔自治区博物馆考古部：《阜康市四工河墓地发掘报告》，《新疆考古》2020 年第 1 辑，第 79-151 页。

[⑤] 新疆文物考古研究所、新疆维吾尔自治区博物馆：《新疆阜康市黄山河水库墓地考古发掘简报》，《新疆考古》2020 年第 1 辑，第 163-198 页。

[⑥] 新疆昌吉回族自治州文物局编《丝绸之路天山廊道——新疆昌吉古代遗址与馆藏文物精品》（下册），文物出版社，2014，第 581 页。

[⑦] 新疆文物考古研究所：《呼图壁县石门子墓地考古发掘简报》，《新疆文物》2013 年第 2 期。

（3）石门子古墓，出土折缘铜镜 1 件，直径 9 厘米。①

（4）呼图壁县博物馆，征集三国时期位至三公镜 1 件，直径 9.5 厘米。②

4. 木垒县 11 件

（1）木垒新户破城子，1981 年出土金代双龙铜镜 1 件。直径 16.5 厘米、厚 0.6 厘米。③

（2）木垒县东城镇，1981 年废品收购站选拣 2 件。宋辽时期仙山宴乐柄镜 1 件，高 18.5 厘米、直径 11 厘米;④ 元代花卉纹铜镜 1 件，直径 8 厘米。⑤

（3）木垒县英格堡乡菜子沟村，1981 年征集圆形花卉龟背纹铜镜 1 件，直径 12.4 厘米。⑥

（4）木垒新户古城，出土西辽真子飞霜镜 1 件，直径 21 厘米、厚 1 厘米。⑦

（5）木垒县博物馆，2010 年征集素面双弦纹镜 1 件，直径 14.5 厘米、厚 0.7 厘米。

（6）木垒县博物馆，2010 年征集明代麒麟纹菱形铜镜 1 件，边长 5.5 厘米、厚 0.5 厘米。⑧

（7）木垒县博物馆，2010 年征集西汉昭明连弧铭文带镜 1 件，铭文为："内清质以昭明"，直径 9 厘米。⑨

（8）木垒县博物馆，2010 年征集新莽博局镜 1 件，直径 13 厘米。⑩

---

① 新疆昌吉回族自治州文物局编《丝绸之路天山廊道——新疆昌吉古代遗址与馆藏文物精品》（上册），文物出版社，2014，第 188 页。

② 同上书，第 355 页。

③ 同上书，第 534 页。

④ 新疆维吾尔自治区文物局编《丝路瑰宝——新疆馆藏文物精品图录》，新疆人民出版社，2011，第 257 页。

⑤ 新疆昌吉回族自治州文物局编《丝绸之路天山廊道——新疆昌吉古代遗址与馆藏文物精品》（下册），文物出版社，2014，第 569 页。

⑥ 新疆维吾尔自治区文物局编《丝路瑰宝——新疆馆藏文物精品图录》，新疆人民出版社，2011，第 257 页。

⑦ 新疆昌吉回族自治州文物局编《丝绸之路天山廊道——新疆昌吉古代遗址与馆藏文物精品》（下册），文物出版社，2014，第 535 页。

⑧ 同上书，第 579 页。

⑨ 新疆昌吉回族自治州文物局编《丝绸之路天山廊道——新疆昌吉古代遗址与馆藏文物精品》（上册），文物出版社，2014，第 286 页。

⑩ 同上书，第 287 页。

（9）干沟墓地，2011 年 4—5 月，M47 出土唐代铜镜残片 1 件，直径 4.5 厘米、镜厚 0.3 厘米。①

（10）木垒县博物馆，征集唐代瑞兽葡萄纹镜 1 件，直径 13.5 厘米、厚 0.5 厘米。②

5. 玛纳斯县 6 件

（1）玛纳斯楼南古城，1986 年出土唐代仙人龟鹤铜镜 1 件，直径 16.5 厘米。③

（2）黑梁湾墓地，2005 年 6 月，M2 出土战国中期山字纹铜镜 1 件，直径 11.5 厘米、厚 0.4 厘米。④

（3）玛纳斯县清水河乡团庄子古墓出土，2007 年县公安局移交西汉星云镜残片 1 件，长 8.3 厘米，宽 3.5 厘米。⑤

（4）玛纳斯县，2010 年征集东汉四神博局镜 1 件，直径 10.2 厘米。⑥

（5）玛纳斯县博物馆，征集明代状元及第铜镜 1 件，直径 12 厘米。⑦

（6）玛纳斯县博物馆，征集宋代葵口湖州铭文铜镜 1 件，直径 12.5 厘米。⑧

6. 吉木萨尔县 5 件

（1）大龙口大型石堆墓，1993 年 9 月，M10 出土战国时期折缘铜镜 1 件，

① 新疆文物考古研究所：《木垒县干沟墓地考古发掘报告》，《新疆文物》2012 年第 1 期。

② 新疆昌吉回族自治州文物局编《丝绸之路天山廊道——新疆昌吉古代遗址与馆藏文物精品》（下册），文物出版社，2014，第 494 页。

③ 新疆维吾尔自治区文物局编《丝路瑰宝——新疆馆藏文物精品图录》，新疆人民出版社，2011，第 257 页；新疆昌吉回族自治州文物局编《丝绸之路天山廊道——新疆昌吉古代遗址与馆藏文物精品》（下册），文物出版社，2014，第 448 页。

④ 马永胜、徐华林、王博：《玛纳斯县黑梁湾墓地清理简况》，《新疆文物》2010 年第 1 期；新疆昌吉回族自治州文物局编《丝绸之路天山廊道——新疆昌吉古代遗址与馆藏文物精品》（上册），文物出版社，2014，第 215 页。

⑤ 新疆昌吉回族自治州文物局编《丝绸之路天山廊道——新疆昌吉古代遗址与馆藏文物精品》（上册），文物出版社，2014，第 321 页。

⑥ 同上书，第 355 页。

⑦ 新疆昌吉回族自治州文物局编《丝绸之路天山廊道——新疆昌吉古代遗址与馆藏文物精品》（下册），文物出版社，2014，第 579 页。

⑧ 同上书，第 516 页。

直径 20.5 厘米、高 1 厘米、镜厚 0.2 厘米。①

（2）北庭故城，出土唐代八瓣菱花双兽双鸾花枝镜 1 件，直径 23 厘米。②

（3）吉木萨尔县博物馆，征集唐代海兽葡萄纹镜 3 件，分别为直径 12.5 厘米、厚 0.8 厘米，直径 7.5 厘米、厚 0.4 厘米，直径 4 厘米。③

7. 奇台县 9 件

（1）奇台县东湾镇根葛尔村墓葬，1994 年出土西汉带柄铜镜 1 件，直径 7 厘米、柄长 2.3 厘米。④

（2）奇台县城，征集唐代海兽葡萄纹镜 1 件，直径 13.2 厘米、厚 1 厘米。⑤

（3）奇台县博物馆，征集唐代葵花镜 1 件，直径 13 厘米、厚 0.5 厘米。⑥

（4）奇台县博物馆，1991 年征集宋辽仙女兽鹤纹柄镜 1 件，通长 15.2 厘米。⑦

（5）奇台县博物馆，征集宋双鱼纹铜镜 1 件，直径 13.5 厘米、厚 0.5 厘米。⑧

（6）奇台县博物馆，征集明代五子登科纹铜镜 1 件，直径 18 厘米、外沿厚 0.7 厘米。⑨

（7）奇台县博物馆，1985 年于老奇台镇征集西域仿汉日光圈带铭文镜 1

---

① 新疆文物考古研究所、昌吉回族自治州文管所、吉木萨尔文县物管理所：《吉木萨尔县大龙口大型石堆墓调查简记》，《新疆文物》1994 年第 4 期；新疆昌吉回族自治州文物局编《丝绸之路天山廊道——新疆昌吉古代遗址与馆藏文物精品》（上册），文物出版社，2014，第 153 页。

② 新疆昌吉回族自治州文物局编《丝绸之路天山廊道——新疆昌吉古代遗址与馆藏文物精品》（下册），文物出版社，2014，第 422 页。

③ 同上书，第 495 页。

④ 新疆昌吉回族自治州文物局编《丝绸之路天山廊道——新疆昌吉古代遗址与馆藏文物精品》（上册），文物出版社，2014，第 291 页。

⑤ 新疆维吾尔自治区文物局编《丝路瑰宝——新疆馆藏文物精品图录》，新疆人民出版社，2011，第 257 页。

⑥ 同上书，第 257 页。

⑦ 新疆昌吉回族自治州文物局编《丝绸之路天山廊道——新疆昌吉古代遗址与馆藏文物精品》（下册），文物出版社，2014，第 515 页。

⑧ 新疆维吾尔自治区文物局编《丝路瑰宝——新疆馆藏文物精品图录》，新疆人民出版社，2011，第 257 页；新疆昌吉回族自治州文物局编《丝绸之路天山廊道——新疆昌吉古代遗址与馆藏文物精品》（下册），文物出版社，2014，第 517 页。

⑨ 同上书，第 580 页。

件，直径 7.5 厘米。①

（8）奇台县西地乡，征集金代双鱼纹铜镜 1 件，直径 18 厘米。②

（9）奇台县，2012 年征集葵口湖州铭文铜镜 1 件，直径 12.5 厘米。③

8. 昌吉州博物馆 6 件

（1）征集素面小铜镜 1 件，直径 6.4 厘米。④

（2）征集金代素面带柄铜镜 1 件，通长 17 厘米、直径 9 厘米。⑤

（3）征集民国双弦纹铜镜 1 件，直径 8.3 厘米、厚 0.9 厘米。

（4）征集明代文字铜镜 1 件，直径 6.7 厘米、厚 0.9 厘米。

（5）征集"金玉满堂"铜镜 1 件，直径 8.9 厘米、厚 0.4 厘米。

（6）征集"长命富贵"铜镜 1 件，直径 7.7 厘米。

（五）博尔塔拉蒙古自治州：共发现铜镜 7 件

1. 1988 年 8—9 月，博尔塔拉文物普查队采集 5 件⑥

（1）达勒特乡古城遗址采集 4 件：

仙女兽鹤纹柄镜 1 件，金代，直径 8.4 厘米、柄长 7 厘米；

双凤纹镜 1 件，宋代，直径 11 厘米，柄残长 1.6 厘米；

连弧纹镜 1 件，五代，直径 8.5 厘米；

"长安五家、清铜照子"铭文镜 1 件，宋代。镜背面有一长方形框，内铸"长安五家、清铜照子"铭文，直径 12 厘米，缘厚 0.3 厘米。

（2）温泉县哈日布呼镇古城遗址采集金代缠枝纹铜镜 1 件，直径 16.3 厘米。

---

① 新疆昌吉回族自治州文物局编《丝绸之路天山廊道——新疆昌吉古代遗址与馆藏文物精品》（上册），文物出版社，2014，第 286 页。

② 新疆昌吉回族自治州文物局编《丝绸之路天山廊道——新疆昌吉古代遗址与馆藏文物精品》（下册），文物出版社，2014，第 569 页。

③ 新疆昌吉回族自治州文物局编《丝绸之路天山廊道——新疆昌吉古代遗址与馆藏文物精品》（下册），文物出版社，2014，第 516 页。

④ 新疆昌吉回族自治州文物局编《丝绸之路天山廊道——新疆昌吉古代遗址与馆藏文物精品》（上册），文物出版社，2014，第 145 页。

⑤ 新疆昌吉回族自治州文物局编《丝绸之路天山廊道——新疆昌吉古代遗址与馆藏文物精品》（下册），文物出版社，2014，第 515 页。

⑥ 自治区文物普查办公室、博尔塔拉蒙古自治州文物普查队：《博尔塔拉蒙古自治州文物普查资料》，《新疆文物》1990 年第 1 期。

2. 达勒特古城 1 件

采集宋代六曲葵花形湖州镜 1 件，镜背面有一长方形方框，内有两行铭文"湖州二叔照子"，直径 13.1 厘米、厚 0.3 厘米。

3. 博乐市博物馆 1 件

征集宋代人物故事纹具柄镜 1 件，长 13.9 厘米、宽 9.9 厘米、厚 0.5 厘米。

（六）巴音郭楞蒙古自治州：共发现铜镜 116 件

1. 轮台县 6 件

（1）轮台县城堡遗址，1980—1981 年，文物调查时在城堡内发现唐代 1 件铜镜的 3 个残块，镜钮完整，为圆形瑞兽形钮，其余两块尚存瑞兽、葡萄纹样。[①]

（2）群巴克古墓 3 件，1985—1987 年，一号墓地 M1 出土西周中期至春秋早期铜镜 1 件，直径 15 厘米、厚 0.2 厘米；青铜时代铜镜 2 件，其中 M34 出土带柄镜 1 件，通长 14.4 厘米、镜面直径 8.9 厘米、厚 0.2 厘米；二号墓地 M4 出土带柄镜 1 件，通长 14.2 厘米、镜面直径 9.5 厘米、厚 0.3 厘米。[②]

（3）群巴克古墓 1 件，带柄铜镜，直径 8.9 厘米、厚 0.3 厘米、柄长 6 厘米，1989 年出土，中国社会科学院新疆考古队 1990 年移交。

（4）轮台县阿孜干墓地，2003 年，M10 出土战国时期山字纹镜 1 件，直径 11.7 厘米。

2. 和静县 27 件

（1）察吾呼沟墓地 8 件。一号墓地，1983 年、1986 年、1988 年发掘，M206 出土春秋时期铜镜 1 件，直径 8.6 厘米、厚 0.3 厘米。[③] 二号墓地，

---

① 自治区博物馆文物队、轮台县文教局《轮台县文物调查》，《新疆文物》1991 年第 2 期；新疆文物考古研究所，新疆维吾尔自治区博物馆：《新疆文物考古新收获（续）1990—1996》，新疆美术摄影出版社，1997，第 558-576 页。

② 中国社会科学院考古研究所新疆队、新疆巴音郭楞蒙古自治州文管所：《轮台群巴克古墓葬第一次发掘简报》，《考古》1987 年第 11 期；新疆文物考古研究所：《新疆文物考古新收获（1979—1989）》，新疆人民出版社，1995，第 356-367 页；中国社会科学院考古研究所新疆队、新疆巴音郭楞蒙古自治州文管所：《轮台群巴克墓葬第二、三次发掘简报》，《考古》1991 年第 8 期；新疆文物考古研究所，新疆维吾尔自治区博物馆：《新疆文物考古新收获（续）1990—1996》，新疆美术摄影出版社，1997，第 281-302 页。

③ 新疆文物考古研究所、和静县博物馆：《和静县察吾呼沟一号墓地》，《新疆文物》1992 年第 4 期；新疆文物考古研究所，新疆维吾尔自治区博物馆：《新疆文物考古新收获（续）1990—1996》，新疆美术摄影出版社，1997，第 174-223 页；孙畅、文少卿、张梦翰等：《新疆察吾呼—大型氏族墓地发掘报告》，东方出版社，1999，第 215 页。

1986年、1988年发掘，M218出土春秋战国铜镜1件，直径6.8厘米、厚0.2厘米。[①] 三号墓地，1983年、1984年、1988年发掘，出土铜镜2件。M7出土东汉规矩纹铜镜1件，直径11.9厘米、厚0.4厘米；[②] M14出土铁镜1件，直径6.8厘米、厚0.6厘米。[③] 四号墓地，1987年5—11月，出土青铜时代铜镜3件。M114出土兽纹铜镜（蜷狼纹铜镜）1件，厚0.4厘米、直径9厘米；M154出土桥钮素面铜镜1件，厚径0.2厘米、大径8厘米；M165出土桥钮蜷兽纹铜镜1件，厚0.4厘米、直径9厘米。[④] 沟西墓地，1991年6月，出土带柄铜镜1件，直径9厘米、通长11.7厘米、厚0.1厘米。[⑤]

（2）223团机务连采集博局纹铜镜1件。直径10厘米。外区是环列铭文"尚方作镜真大巧，上有仙人不知老，渴饮玉泉饥食枣，浮游天下敖四海"28个隶书字样。

（3）和静县莫呼查汗墓12件，2011年6—8月、2012年8—9月，出土青铜时代铜镜11件，汉代铜镜1件。[⑥]

一号墓地10件：

①M8出土桥钮素面铜镜1件，直径7.8厘米。

① 新疆文物考古研究所、和静县文化馆：《和静县察吾呼沟二号墓地发掘简报》，《新疆文物》1989年第4期；新疆文物考古研究所：《新疆文物考古新收获（1979—1989）》，新疆人民出版社，1995，第244-264页；孙畅、文少卿、张梦翰等：《新疆察吾呼—大型氏族墓地发掘报告》，东方出版社，1999，第139-140页。

② 中国社会科学院考古研究所新疆队、新疆巴音郭楞蒙古自治州文管所：《和静县察吾呼沟三号墓地发掘简报》，《考古》1990年第10期；新疆文物考古研究所，新疆维吾尔自治区博物馆：《新疆文物考古新收获（续）1990—1996》，新疆美术摄影出版社，1997，第233-241页。

③ 新疆文物考古研究所、和静县文化馆：《和静县察吾呼沟三号墓地发掘简报》，《新疆文物》1990年第1期；新疆文物考古研究所、新疆维吾尔自治区博物馆：《新疆文物考古新收获（续）1990—1996》，新疆美术摄影出版社，1997，第242-259页。

④ 新疆文物考古研究所、和静县文化馆：《和静县察吾呼沟四号墓地1987年度发掘简报》，《新疆文物》1988年第4期；新疆文物考古研究所：《新疆文物考古新收获（1979—1989）》，新疆人民出版社，1995，第275-301页；孙畅、文少卿、张梦翰等：《新疆察吾呼—大型氏族墓地发掘报告》，东方出版社，1999，第139-140页。

⑤ 新疆文物考古研究所、和静县文化馆：《和静县察吾呼沟西一座被破坏墓葬的清理》，《新疆文物》1994年第1期；新疆文物考古研究所、新疆维吾尔自治区博物馆：《新疆文物考古新收获（续）1990—1996》，新疆美术摄影出版社，1997，第276-280页。

⑥ 新疆文物考古研究所：《新疆莫呼查汗墓地》，科学出版社，2016，第20、21、104、137、156、157、162、166、190、191、232、292页；新疆文物考古研究所：《和静县莫呼查汗墓地考古发掘简报》，《新疆文物》2013年第1期。

②M10 出土桥钮素面铜镜 1 件，直径 6.4 厘米。

③M79 出土桥钮素面铜镜 1 件，直径 7.8 厘米。

④M106 出土桥钮素面铜镜 1 件，直径 8.6 厘米。

⑤M124 出土桥钮素面铜镜 1 件，直径 8.3 厘米。

⑥M125 出土桥钮素面铜镜 1 件，直径 6.2 厘米。

⑦M128 出土桥钮多圈弦纹铜镜 1 件，直径 6.5 厘米。

⑧M130 出土桥钮多重三角纹铜镜 1 件，直径 8.4 厘米。

⑨M150 出土桥钮素面铜镜 1 件，直径 8.7 厘米。

⑩M151 出土桥钮素面铜镜 1 件，直径 8.5 厘米。

二号墓地 2 件：

M15 出土桥钮素面铜镜 1 件，直径 7.1 厘米、厚 0.2 厘米，钮长 1.5 厘米、钮高 0.6 厘米、钮宽 0.6 厘米。

M63 出土昭明连弧纹镜 1 件，直径 10.5 厘米。

（4）和静哈布其罕 1 号墓地，1992 年 8—9 月，M2 出土青铜时代桥钮素面铜镜 1 件，直径 7.2 厘米、厚 0.5 厘米。①

（5）和静拜勒其尔墓地，1993 年 9—10 月，出土汉代素面带柄铜镜 1 件。②

（6）和静县巴伦台古墓地，1994 年，1 号墓出土铁柄铜镜 1 件，通长 16 厘米、直径 9 厘米。

（7）和静县乌拉斯台墓地，出土唐代海兽葡萄纹铜镜 1 件（自治区博物馆展厅）。

（8）和静县察汗乌苏古墓群，2004 年出土连弧纹铜镜 2 件。③

（9）和静县小山口水电站墓群 B 区，2007 年 4—7 月出土铁镜和铜镜，数量不详。④

3. 若羌县 66 件

（1）罗布淖尔地区东汉墓 1 件，1979 年 6 月至 1980 年 5 月，出土汉代连

---

① 新疆文物考古研究所、和静县民族博物馆：《和静哈布其罕 1 号墓地发掘简报》，《新疆文物》1999 年第 1 期。

② 王宗磊：《1993 年和静拜勒其尔墓地发掘收获》，《新疆文物》1994 年第 3 期。

③ 新疆文物考古研究所：《和静县察汗乌苏古墓群考古发掘新收获》，《新疆文物》2004 年第 4 期。

④ 新疆文物考古研究所：《新疆文物考古资料汇编（中册）》，新疆人民出版社，2013。

弧柿蒂纹镜。[①]

（2）楼兰古城于 1980 年 3—4 月出土铜镜 9 件，皆残。标本 FO：15 形体较小，直径约 6 厘米、边厚 0.1 厘米。[②]

（3）楼兰城郊古墓于 1980 年 3—4 月出土铜镜 3 件，均残。标本 MA2：4 为西汉内向连弧柿蒂纹镜，有篆书铭文"子孙"二字，残长 6 厘米、残宽 5.4 厘米；标本 MA7：5 为西汉"家常富贵"镜，残长 3.3 厘米、残宽 2.3 厘米；标本 MA7：7 为西汉星云纹镜，残长 5.7、残宽 2.9 厘米。[③]

（4）1997 年、1998 年巴州博物馆在楼兰地区考古调查中，采集了铜镜 16 件，其中残片 15 件，基本完整 1 件。[④]

97LXC2：乳钉纹铜镜残片；97LXC5：铜镜残片 2 件；97LXC15：铜镜残片；97LXC16：铜镜残片；97LXC23：铜镜残片；97LXC24：铜镜残片；97LXC34：铜镜残片；97LXC36：铜镜残片；98LXC40：带钮铜镜残片；98LXC42：铜镜残片；98LXC46：带钮铜镜残片；98LXC54：铜镜残片 3 件；98LXC62：星云纹铜镜 1 件，采自罗布泊西岸，直径 11.5 厘米、通高 1.3 厘米。

（5）2002 年若羌县 LE 古城北墓地采集铜镜 1 件，内填隶书"君宜高官"，直径 10.6 厘米、厚 0.3 厘米。

（6）2003 年若羌县 LE 古城北 5 千米处的被盗墓清理出土铜镜 2 件。其中，日光连弧铭带铜镜 1 件，残长 6.5 厘米、残宽 3.3 厘米，保存有六字铭文；铭文铜镜 1 件，残长 3.6 厘米、残宽 2.3 厘米。

（7）2003 年在若羌县征集"昭明"铜镜 1 件，直径 9.3 厘米、厚 0.6 厘米，镜缘宽 0.5 厘米。

（8）2002—2007 年，新疆考古研究所在罗布泊地区小河流域的考古调查

① 新疆文物考古研究所：《罗布淖尔地区东汉墓发掘及初步研究》，《新疆社会科学》1983 年第 1 期；新疆文物考古研究所：《新疆文物考古新收获（1979—1989）》，新疆人民出版社，1995，第 378-383 页。

② 侯灿：《楼兰古城址调查与试掘简报》，《高昌楼兰研究论集》1990 年第 1 版，第 307-333 页。

③ 新疆考古研究所楼兰考古队：《楼兰城郊古墓群发掘简报》，《文物》1988 年第 7 期；新疆文物考古研究所：《新疆文物考古新收获（1979—1989）》，新疆人民出版社，1995，第 401-412 页；侯灿：《楼兰城郊古墓群发掘简报》，《高昌楼兰研究论集》1990 年第 1 版，第 334-355 页。

④ 巴音郭楞蒙古自治州博物馆：《1997—1998 年楼兰地区考古调查报告》，《新疆文物》2012 年第 2 期。

中，采集铜镜 3 件，其中 1 件为铁质。①

（9）2014 年 10—11 月，新疆文物考古研究所展开"古楼兰交通与古代村落遗迹调查"工作，采集铜镜 1 件，仅存边沿部分，残长 4.8 厘米、残宽 2.2 厘米。②

（10）2015 年 9 月，中国科学院地质与地球物理研究所等单位开展"罗布泊地区自然与文化遗产综合科学考察"，采集铜镜 7 件；③

①M2C：1 残长 5.1 厘米、宽 2.3 厘米。

②15C4-4：6 为不规则形，长 9.1 厘米、宽 4.5 厘米。

③15C4-4：6 长 4.5 厘米、宽 3.1 厘米。

④15C4-4：33 仅存镜缘，长 6 厘米、厚 0.3 厘米。

⑤15D1-1：1 只存镜缘，直径 8.4 厘米、厚 0.2 厘米。

⑥15D1-1：2 为三角形，镜面外区饰以祥云瑞草，边缘残存"宜子"二字，长 10.7 厘米、宽 7.3 厘米、厚 0.2 厘米。

⑦15C4-3：7 为不规则形，长 3.8 厘米、宽 2.5 厘米。

（11）2016 年 10—11 月，中国科学院地质与地球物理研究所等单位承担科技部国家科技基础性工作专项重点项目"罗布泊地区自然与文化遗产综合科学考察"，共发现 22 件铜镜残片。④

4. 且末县 5 件

（1）扎滚鲁克墓地出土铜镜 2 件。1996 年 8 月，出土先秦铜镜 1 件（96QZIM2：145N），直径 8 厘米、柄长 2 厘米；⑤ 1998 年，M133 出土汉代铜镜 1 件，直径 8.1 厘米。⑥

① 新疆文物考古研究所：《罗布泊地区小河流域的考古调查》，《新疆文物》2007 年第 2 期。

② 新疆文物考古研究所：《2014 年度新疆古楼兰交通与古代人类村落遗迹调查报告》，《新疆文物》2015 年第 3-4 期。

③ 新疆文物考古研究所：《2015 年度新疆古楼兰交通与古代人类村落遗迹调查报告》，《新疆文物》2016 年第 2 期。

④ 新疆文物考古研究所：《2016 年度新疆古楼兰交通与古代人类村落遗迹调查报告（上）》，《新疆文物》2017 年第 3 期；新疆文物考古研究所：《2016 年度新疆古楼兰交通与古代人类村落遗迹调查报告下》，《新疆文物》2017 年第 4 期。

⑤ 新疆维吾尔自治区博物馆考古部、巴音郭楞蒙古自治州文物管理所、且末县文物管理所：《且末扎滚鲁克二号墓地发掘简报》，《新疆文物》2002 年第 1-2 期。

⑥ 新疆维吾尔自治区博物馆、巴音郭楞蒙古自治州文物管理所、且末县文物管理所：《1998 年扎滚鲁克第三期文化墓葬发掘简报》，《新疆文物》2003 年第 1 期。

（2）托盖曲根一号墓地于 2013 年 5 月出土连弧叶纹铜镜 2 件。M5 出土 1 件，残长 7 厘米、宽 5 厘米；M10 出土 1 件，残长 7.1 厘米、宽 6.5 厘米。①

（3）且末县奥依拉克乡于 1993 年出土连弧纹铜镜 1 件，铜镜残为两块：一块为镜边部分，残长 8.8 厘米、残宽 4.4 厘米；一块为镜中部，残长 3 厘米、残宽 2.8 厘米。

5. 尉犁县 6 件

（1）营盘墓地出土 4 件汉晋时期铜镜。

①1995 年，出土铜镜 3 件。② M7 出土四乳四虺镜 1 件，直径 10.2 厘米、厚 0.3 厘米；M31 出土"宜"字铭文铜镜 1 件，仅剩圆形铜镜的 1/3，复原直径 7.3 厘米。现残长 7 厘米、宽 3 厘米、厚 0.3 厘米；M26 出土铁镜 1 件，置于毡镜袋内，直径 9 厘米、厚 0.35 厘米。

②1999 年 10—11 月，M7 出土"三"字铭文铜镜 1 件，直径 8.3 厘米。③

（2）托布协遗址于 1989 年采集菱形仙人骑鹤纹铜镜 1 件，最大直径 10.9 厘米、厚 0.4 厘米。

（3）孔雀河流域咸水泉古城北 2 公里处的 1 号墓地，2017 年 1—2 月，出土铜镜残片 1 件。④

6. 和硕县 2 件

红山沟遗址，2015 年 7—8 月，出土汉代铜镜 2 件。均残缺。⑤

7. 焉耆县 2 件

1963 年焉耆县黑疙瘩出土铜镜 2 件，即四乳禽兽纹铜镜和昭明连弧纹铜镜。四乳禽兽纹铜镜直径 9 厘米，昭明连弧纹铜镜直径 9 厘米。⑥

8. 巴州博物馆 2018 年征集 2 件

唐盘龙倭角方形铜镜 1 件，直径 13.5 厘米、厚 0.3 厘米；东汉规矩四神铜镜 1 件，直径 15.7 厘米、厚 0.8 厘米。

① 新疆文物考古研究所：《且末县托盖曲根一号墓地考古发掘报告》，《新疆文物》2013 年第 3-4 期。
② 新疆文物考古研究所：《新疆尉犁县营盘墓地 1995 年发掘报告》，《新疆文物》2001 年第 1-2 期。
③ 新疆文物考古研究所：《新疆尉犁县营盘墓地 1999 年发掘简报》，《考古》2002 年第 6 期。
④ 胡兴军：《楼兰、鄯善都城新考》，《新疆文物》2017 年第 2 期。
⑤ 新疆文物考古研究所：《和硕县红山沟遗址考古发掘报告》，《新疆文物》2016 年第 2 期。
⑥ 新疆维吾尔自治区博物馆编《新疆出土文物》，文物出版社，1975，第 12 页。

（七）阿克苏地区：共发现铜镜 13 件

1. 拜城县 2 件

克孜尔古墓，1990—1992 年，出土西周—春秋时期铜镜 2 件，直径 12.8~13.4 厘米。①

2. 库车县 9 件

（1）友谊路墓葬出土魏晋十六国铜镜 3 件，其中，圆形素面铁镜 2 件、连弧纹镜 1 件。2007 年 7 月出土连弧纹镜 1 件（M3：16），直径 9.6 厘米；2010 年出土圆形素面铁镜 2 件（M13：106、M11），直径 11 厘米，厚 0.3~1 厘米。②

（2）2021 年库车县友谊路墓葬出土魏晋南北朝时期铜镜 3 件、铁镜 3 件。M350：3 为不规则形，残径 7.7 厘米；M235：1 为圆形，直径 8.9 厘米；M127：9 残径 9.6 厘米。③

3. 阿克苏地区 1 件

博物馆征集东汉文字规矩镜 1 件，直径 18 厘米。

4. 温宿县 1 件

卡依古遗址采集唐代海兽葡萄纹残镜 1 件，只存二分之一，纹饰模糊。

（八）喀什地区：共发现铜镜 4 件

1. 塔什库尔干县 3 件

吉尔赞喀勒墓地 3 件，2013 年、2014 年，其中 M11 出土梯形柄铜镜 2 件，M16 出土圆形铜镜 1 件。④

---

① 张平：《从克孜尔遗址和墓葬看龟兹青铜时代的文化》，《新疆文物》1999 年第 2 期。

② 新疆文物考古研究所：《新疆库车友谊路魏晋十六国时期墓葬 2007 年发掘简报》，《文物》2013 年第 12 期；新疆文物考古研究所：《2007 年库车县友谊路魏晋十六国时期墓葬考古发掘简报》，《新疆文物》2013 年第 3-4 期；新疆文物考古研究所：《库车县友谊路魏晋十六国时期墓葬 2010 年度考古发掘简报》，《新疆文物》2013 年第 3-4 期。

③ 新疆文物考古研究所：《新疆库车友谊路墓群 2021 年发掘简报》，《文物》2023 年第 3 期。

④ 中国社会科学院考古研究所新疆工作队、新疆喀什地区文物局、塔什库尔干县文管所：《塔什库尔干吉尔赞喀勒墓地考古发掘简报》，《新疆文物》2014 年第 1 期；《塔什库尔干吉尔赞喀勒墓群（2014 年）考古发掘简报》，《新疆文物》2017 年第 4 期。

2. 莎车县 1 件

征集乳钉纹单弦铜镜 1 件，直径 12 厘米。

（九）和田地区：共发现铜镜 54 件

1. 洛浦县 8 件

山普拉墓地出土汉晋时期铜镜 8 件。

（1）1983—1984 年，出土铜镜 7 件，分别为四乳镜 2 件、铭文镜 2 件和素面镜 3 件。四乳镜直径 6.2 厘米、边厚 0.2 厘米；铭文镜乳钉间列有"宜家常贵"四字铭文；素面镜 3 件，其中 2 件置于梳镜袋中。铜镜直径 9~10.7厘米，其中 M02：391/39 直径 9 厘米、厚 0.2~0.3 厘米。①

（2）1992 年 12 月至 1993 年 1 月，M6 出土汉式残铜镜 1 件，上铸铭文"见日之光"。该镜出土时装在一个毛布包里，与其同在一起的还有木化妆棒一根和一团线卷。②

2. 民丰县 34 件

（1）1959 年 10 月，采集"长（宜）子孙"汉镜残片 1 件。③

（2）1959 年民丰县东汉墓葬出土铜镜 2 件。一件锈重并已磨成光面；另一件为"君宜高官"镜，直径 12.4 厘米，钮高 0.6 厘米，钮孔穿绸带一条，带有两个结头，长 25 厘米。其盛在绣花绸袋内，放在藤奁的最上层。④

（3）1991 年 10—11 月，中日尼雅遗址学术考察队在 NL 遗址发现铜镜 1件，铸造，仅存轮廓局部，残长 2.8~3.4 厘米，残宽 1.3~1.8 厘米，厚0.15~0.3 厘米。⑤

（4）1988—1997 年，中日尼雅遗址学术考察队共发现铜镜 25 件。

---

① 新疆维吾尔自治区博物馆：《洛浦县山普拉古墓发掘报告》，《新疆文物》1989 年第 2 期。

② 肖小勇、郑渤秋：《新疆洛浦县山普拉古墓地的新发掘》，《西域研究》2000 年第 1 期。

③ 李遇春：《尼雅遗址的重要发现》，《新疆社会科学》1988 年第 4 期；新疆文物考古研究所：《新疆文物考古新收获（1979—1989）》，新疆人民出版社，1995，第 413–420 页。

④ 新疆维吾尔自治区博物馆：《新疆民丰县大沙漠中遗址墓葬区东汉合葬墓清理简报》，《文物》1960 年第 6 期。

⑤ 新疆文物考古研究所：《1991 年尼雅遗址调查简报》，《新疆文物》1996 年第 1 期；新疆文物考古研究所，新疆维吾尔自治区博物馆：《新疆文物考古新收获（续）1990—1996》，新疆美术摄影出版社，1997，第 458–476 页。

①在93A10遗址发现铜镜9件，[①] 均为残片，表面已锈蚀：

93C：14 窄缘，残长3.5厘米、缘厚0.2厘米。

94C：8 残高6.4厘米、缘厚0.5厘米、镜面厚0.3厘米。

94C：8 残高3厘米、缘厚0.25厘米。

94C：12 宽缘、素面，残高3.9厘米。

94C：2 残高1.7厘米、缘厚0.25厘米。

94C：3 残高2.5厘米、缘厚0.2厘米。

96C：16 长2.5厘米、宽1.6厘米、厚0.2厘米。

95C：20 直径8.8厘米、缘厚0.2厘米，钮径1厘米、高0.6厘米。

95C：22 残高5.6厘米、缘厚0.2厘米。

②在93A9遗址发现4件：

96C：20 高6.3厘米、缘厚0.5厘米。

96C：7 缘厚0.15~0.25厘米。

96C：30 缘厚0.5厘米。

95C：9 高2.5厘米、缘厚0.1厘米。

③在93A6遗址发现1件（95C：9），残片略呈三角形，高2.3厘米、缘厚0.3厘米。

④在92A11遗址发现1件，直径10.2厘米、缘厚0.3厘米，桥钮直径1.4厘米，镜面厚0.2厘米。

⑤在92A9遗址发现1件，残存部分呈扇形。边缘略厚，缘内侧三道细弦纹，长5.7厘米、宽3.5厘米。

⑥在92B9遗址发现1件，高8.8厘米。

⑦在93A35遗址发现1件，残高3.9厘米、缘厚0.55厘米。

⑧在97MNII遗址发现1件，残长2.6厘米。

⑨在95MN1遗址发现1件，残高5.7厘米、缘厚0.5厘米。

⑩在93MN1遗址发现5件，均为汉式镜：

93C：2 高3.5厘米、缘厚0.4厘米。

95C：15 残高2.9厘米、缘厚0.3厘米。

96C：3 高7.1厘米、缘厚0.4厘米。

---

① 中日尼雅遗址学术考察队：《1988—1997年民丰尼雅遗址考古简报》，《新疆文物》2014年第3-4期。

93C：17 残高 1.2 厘米，钮直径 2.2 厘米。

94C：12 残高 2.5 厘米、厚 0.2 厘米。

（5）民丰县北塔克拉玛干沙漠，1989 年石油物探作业中发现并采集铜镜 1 件，直径 4.8 厘米。①

（6）民丰尼雅遗址一号墓地船棺墓，1995 年 10 月，M5 出土四兽纹铜镜 1 件，直径 9.4 厘米。②

（7）民丰县尼雅遗址一号墓地，1995 年 10 月，M8 出土虎斑纹锦袋内纳铜镜 1 件，直径 7.4 厘米、缘厚 0.4 厘米，圆钮，红绢为带，为四乳简化博局镜。③

（8）民丰县尼雅遗址一号墓地，1995 年 10 月，M3 墓出土圆形龙凤纹铜镜 1 件，银灰色，置于镜袋内，纳漆奁中，直径 9.2 厘米。④

（9）民丰县尼雅遗址一号墓地，1995 年 10 月，M4 墓出土残镜 1 件，钮径 2.3 厘米、高 1.2 厘米。⑤

3. 于田县 2 件

（1）流水墓地于 2003 年、2004 年、2005 年连续发掘，M18 出土青铜—铁器时代铜镜 1 件。⑥

（2）征集夏至周时期素面圆镜 1 件，直径 17.5 厘米。

4. 策勒县 1 件

1996 年策勒县圆沙古城出土战国至西汉具柄镜 1 件，素面，柄上有一孔。

5. 和田地区博物馆馆藏 9 件

（1）克里雅河下游采集，商代叶脉纹带柄镜 1 件，通长 27.5 厘米、宽 11.5 厘米。

（2）墨玉县库木拉巴特佛寺遗址采集唐代菱花镜 1 件。

---

① 于志勇、阿合买提·热西提：《民丰县北石油物探中发现的文物》，《新疆文物》1998 年第 3 期。

② 新疆文物考古研究所：《1995 年民丰尼雅遗址 1 号墓地船棺墓》，《新疆文物》1998 年第 2 期。

③ 新疆文物考古研究所：《新疆民丰县尼雅遗址 95MN1 墓地 M8 发掘简报》，《文物》2000 年第 1 期；新疆文物考古研究所：《尼雅遗址 95NM1 号墓地 8 号墓发掘简报》，《新疆文物》1999 年第 1 期。

④ 新疆文物考古研究所：《尼雅 95 一号墓地 3 号墓发掘报告》，《新疆文物》1999 年第 2 期。

⑤ 新疆文物考古研究所：《尼雅 95 墓地 4 号墓发掘简报》，《新疆文物》1999 年第 2 期。

⑥ 中国社会科学考古研究所新疆队：《于田县流水墓地考古发掘简介》，《新疆文物》2006 年第 2 期。

（3）征集7件：夏至周代叶脉纹带柄镜1件，为椭圆形带柄铜镜，柄残长11厘米。唐代2件，其中唐代菱花镜1件、唐代菱形海兽镜1件。宋代4件，策勒县达玛沟征集宋代带柄双鱼纹镜1件，直径9.9厘米、厚1厘米；"早生贵子"铭文镜1件；十二生肖铜镜1件，直径7.6厘米、厚0.4厘米；素面镜1件。

（十）伊犁哈萨克自治州：共发现铜镜47件

1. 新源县12件

（1）铁木里克古墓群于1981年、1982年发掘，出土战国时期铜镜2件。M4：2直径14.9厘米、厚0.4厘米，柄长10厘米，柄端有一小孔；M6：3镜面直径15厘米、厚0.6厘米，柄长8.3厘米。①

（2）新源巩乃斯种羊场石棺墓，1978年发掘，M5出土汉代铜镜1件，镜面直径为7.5厘米、厚0.2厘米。②

（3）新源县别斯托别墓地，2010年10月，M2出土汉代前期素面圆形铜镜1件，直径14.2厘米、厚约0.1厘米。③

（4）新源县阿尤赛沟墓地，2012年4—5月，M3出土青铜时代带柄铜镜1件，柄长14.5厘米，镜面直径18.2厘米。④

（5）新源县加嘎村墓地，2012年5月，M2出土战国时期铜镜1件，直径12.1厘米、厚0.2厘米，柄长1.5厘米。⑤

（6）新源县出土战国折缘镜1件，直径14.31厘米。

（7）新源县征集元代如意镂空猴纹镜1件，直径12.5厘米。

（8）G218沿线（新源段）墓葬出土铜镜4面。包括：春秋战国时期折缘镜2面，于2017年5—9月出土，其中一面2017XA1M3a：3直径11.2厘米，另一面2017XA2M6：2直径14.3厘米；战国时期圆形铜镜1面（XT6M3A：

---

① 新疆文物考古研究所：《新源铁木里克古墓群发掘报告》，《文物》1988年第8期；新疆文物考古研究所：《新疆文物考古新收获（1979—1989）》，新疆人民出版社，1995，第153-158页；王林山：《草原天马游牧人》，伊犁人民出版社，2008，第75页。

② 新疆社会科学院考古研究所：《新疆新源巩乃斯种羊场石棺墓》，《考古与文物》1985年第2期；新疆文物考古研究所：《新疆文物考古新收获（1979—1989）》，新疆人民出版社，1995，第330-334页。

③ 新疆文物考古研究所：《新源县别斯托别墓地考古发掘报告》，《新疆文物》2012年第2期。

④ 新疆文物考古研究所：《新源县阿尤赛沟、喀拉奥依墓地考古发掘报告》，《新疆文物》2013年第2期。

⑤ 新疆文物考古研究所：《新源县加嘎村墓地考古发掘报告》，《新疆文物》2017年第1期。

9），直径10.3厘米；战国至汉代长条形柄镜1面（2017AKSM1：2），直径12厘米，柄长9.8厘米。①

2. 尼勒克县13件

（1）尼勒克县穷科克遗址出土早期铁器时代素面镜1件，直径9厘米。

（2）尼勒克县吉林台库区墓葬，2001—2004年，出土春秋战国时期具柄镜1件。②

（3）尼勒克县别特巴斯古墓，2003年出土铜镜2件。其中1件直径10厘米；1件为长柄铜镜，通长16.7厘米，镜面直径10.5厘米。③

（4）尼勒克县一级电站墓地，2009年5—7月，东麦里墓地M27出土早期铁器时代具柄铜镜1件，镜面直径9.4厘米，柄长5.4厘米。④

（5）尼勒克县汤巴勒萨伊墓地，2010年5—6月，M22出土唐代铜镜残片1件。⑤

（6）尼勒克县吉仁托海墓地，出土素面铜镜1件，直径8.8厘米。⑥

（7）多尔布津墓地，2013年5—6月，M4出土战国晚期至西汉前期铜镜1件，直径17厘米。⑦

（8）尼勒克县乌吐兰墓地，2014年8月下旬至9月上旬，M4出土秦汉时期带柄铜镜1件。镜面直径9.9~10.7厘米、柄长3.6厘米。⑧

（9）尼勒克县阿克布旱沟，出土早期铁器时代具柄镜1件，通长9.4厘米，直径8厘米。

（10）尼勒克县吉仁台沟口遗址，出土具柄镜1件，距今3600—3000年。

（11）墩那高速公路沿线（尼勒克段），2017年出土早期铁器时代圆形素

---

① 新疆文物考古研究所、北京联合大学、伊犁师范大学、伊犁州文物局、新源县文物局：《新疆伊犁州G218沿线（新源段）墓葬考古发掘简报》，科学出版社，2020，第199-240页。

② 新疆维吾尔自治区文物事业管理局、新疆维吾尔自治区文物考古研究所、新疆维吾尔自治区博物馆、新疆美术摄影出版社编《新疆历史文明集粹》，新疆美术摄影出版社，2009，第60页。

③ 王林山：《草原天马游牧人》，伊犁人民出版社，2008，第80页。

④ 新疆文物考古研究所：《尼勒克县一级电站墓地考古发掘简报》，《新疆文物》2012年第2期。

⑤ 新疆文物考古研究所：《新疆伊犁尼勒克汤巴勒萨伊墓地发掘简报》，《文物》2012年第5期；新疆文物考古研究所：《尼勒克县汤巴勒萨伊墓地考古发掘报告》，《新疆文物》2012年第2期。

⑥ 王林山：《草原天马游牧人》，伊犁人民出版社，2008，第87页。

⑦ 新疆文物考古研究所：《尼勒克县多尔布津墓地考古发掘报告》，《新疆文物》2014年第1期。

⑧ 新疆文物考古研究所：《2014年尼勒克县乌吐兰墓地考古发掘报告》，《新疆文物》2015年第2期。

面铜镜 1 面，ⅡM3A：9，残，直径 7.9 厘米。①

（12）尼勒克县萨尔布拉克沟古墓，出土长柄铁镜 1 件，通长 34 厘米、直径 20.5 厘米。②

3. 特克斯县 12 件

（1）铁里氏盖山，1961 年特克斯县四公社在修建铁里氏盖山灌渠工程中发现 2 件。③

（2）特克斯县恰甫其海水库墓群叶什克列克古墓出土 5 件。其中 2000 年出土 4 件残柄镜；2003 年 9 月，M5 出土战国北山羊带柄铜镜 1 件，镜面直径 10.6 厘米，厚 0.2 厘米，通长 17.5 厘米。④

（3）阔克苏西 2 号墓群，2010 年 6—8 月，出土早期铁器时代铜镜 2 件。M47、M59 分别出土 1 件。M47：1 直径 9.3 厘米、厚 0.5 厘米；M59：1 直径 8.2 厘米、厚 0.2 厘米。⑤

（4）特克斯县喀甫萨朗 4 号墓群出土铜镜 3 件。其中，汉代圆形铜镜 1 件，直径 9 厘米、厚 0.3 厘米；战国直柄铜镜 2 件，1 件直径 9.2 厘米、柄长 3.5 厘米，另 1 件直径 8.7 厘米、柄长 4.8 厘米。

4. 巩留县 1 件

山口水库墓地，2004 年 8 月、2005 年 5—6 月发掘，M11 出土公元前后至公元三、四世纪铜镜 1 件，直径 15.6 厘米，器壁较薄，厚不足 0.2 厘米。⑥

5. 伊犁州博物馆馆藏铜镜 9 件

（1）察布查尔锡伯自治县征集 1 件，金代，许由巢父故事镜，直径 11 厘

---

① 新疆文物考古研究所、中国人民大学考古文博系、伊犁州文物局、尼勒克县文物局：《新疆伊犁州墩那高速公路尼勒克段沿线古代墓葬的发掘》，科学出版社，2021，第 243—268 页。

② 祁小山、王博：《丝绸之路·新疆古代文化》，新疆人民出版社，2008，第 251 页。

③ 王炳华：《特克斯县出土的古代铜器》，《文物》1962 年第 7—8 期。

④ 新疆文物考古研究所、伊犁州文物管理所：《特克斯县叶什克列克墓葬发掘简报》，《新疆文物》2005 年第 3 期；王林山：《草原天马游牧人》，伊犁人民出版社，2008，第 90 页；新疆维吾尔自治区文物事业管理局、新疆维吾尔自治区文物考古研究所、新疆维吾尔自治区博物馆、新疆美术摄影出版社编《新疆历史文明集粹》，新疆美术摄影出版社，2009，第 65 页。

⑤ 新疆文物考古研究所：《新疆特克斯县阔克苏西 2 号墓群的发掘》，《考古》2012 年第 9 期；新疆文物考古研究所：《特克斯县阔克苏西 2 号墓群考古发掘简报》，《新疆文物》2012 年第 2 期。

⑥ 新疆文物考古研究所：《2005 年度伊犁州巩留县山口水库墓地考古发掘报告》，《新疆文物》2006 年第 1 期。

米，缘厚 0.4 厘米，柄长 9.5 厘米。[1]

（2）察布查尔锡伯自治县爱新舍里镇出土 1 件，为唐代，瑞兽葡萄纹铜镜，直径 17.5 厘米。[2]

（3）昭苏县阿达拉乡征集 1 件，唐代，菱花镜，最大直径 10.7 厘米，缘厚 0.2 厘米。[3]

（4）巩留县城镇征集 1 件，金代，神仙人物故事镜，直径 9.1 厘米，缘厚 0.4 厘米。[4]

（5）伊宁县弓月城出土元代鹤草纹铜镜 1 件，直径 20.6 厘米。[5]

（6）伊宁市征集唐代铜镜 1 件，直径 8 厘米。

（7）尼勒克县乌赞乡 7 村征集汉代折缘镜 1 件，直径 13.5 厘米。

（8）征集清代浮雕铜镜 1 件，直径 7.8 厘米。

（9）伊宁市征集战国带柄铜镜 1 件，直径 11.8 厘米、通长 16 厘米。

（十一）塔城地区：共发现铜镜 17 件

1. 乌苏市 3 件

（1）四棵树墓群出土 2 件。2002 年出土战国至汉代具柄镜 1 件；2015 年 10 月，M3 出土西汉带柄铜镜 1 件，直径 16.6 厘米、柄长 11 厘米。[6]

（2）乌苏市人民法院移交战国具柄镜 1 件（残），镜面直径 14 厘米，柄长 4 厘米，通长 18 厘米。

2. 额敏县 2 件

白杨河墓地出土 2 件，2010 年 9 月，M20、M31 各出土早期铁器时代铜镜 1 件。M20：1 直径 8.7 厘米、壁厚 0.8 厘米；M31：1 卷沿，直径 15.3 厘米、厚 0.3 厘米。[7]

---

① 李耕耘：《伊犁地区发现的三面古代铜镜》，《新疆文物》1995 年第 3 期。
② 王林山：《草原天马游牧人》，伊犁人民出版社，2008，第 94 页。
③ 李耕耘：《伊犁地区发现的三面古代铜镜》，《新疆文物》1995 年第 3 期。
④ 同上书。
⑤ 王林山：《草原天马游牧人》，伊犁人民出版社，2008，第 113 页。
⑥ 新疆文物考古研究所：《2015 年乌苏市四棵树墓群考古发掘报告》，《新疆文物》2016 年第 1 期。
⑦ 新疆文物考古研究所：《塔城白杨河墓地考古发掘简报》，《新疆文物》2012 年第 2 期。

3. 裕民县 3 件

阿勒腾也木勒水库墓地，2011 年 5—6 月，M6、M17、M48 出土铜镜 3 件。其中：早期铁器时代 2 件，M6：1，直径 12.4 厘米、沿高 2 厘米；M17：1，直径 15.5 厘米、边沿高 1 厘米。汉晋时期 1 件，M48：1，直径 7 厘米、厚 0.2 厘米。[①]

4. 托里县 2 件

（1）阿尔帕萨勒干墓地，2017 年 6—7 月，M2 出土公元前 8—前 6 世纪铜镜 1 件，直径 14 厘米、沿高 1.7 厘米。[②]

（2）托里县庙尔沟镇春秋牧场古墓葬出土战国折缘镜 1 件，直径 14.9 厘米。

5. 沙湾县 3 件

宁家河水库墓地出土 3 件。2011 年 6—8 月，包括青铜时代铜镜 1 件、春秋战国时期铜镜 2 件。其中：M36：1，直径 9.6 厘米、折沿高 0.7 厘米；M112：1，直径 7.4 厘米、厚 0.15 厘米、孔径 0.2 厘米；M112：9，长 5.7 厘米、宽 4 厘米。[③]

6. 塔城博物馆征集铜镜 4 件

塔城地区博物馆征集清代铜镜 4 件，其中：海兽葡萄纹镜 2 件，直径分别为 16.5 厘米、10.1 厘米；龟鹤齐寿长柄镜 1 件，通长 20 厘米、柄长 9.5 厘米、直径 11 厘米；双龙纹镜 1 件，直径 9 厘米。

（十二）阿勒泰地区：共发现铜镜 17 件

1. 阿勒泰市 1 件

切木尔切克古墓葬，1963 年 M22 出土战国素面铜镜 1 件，直径 5.8 厘米。[④]

2. 哈巴河县 3 件

（1）哈拜汗墓地，2012 年 8—10 月，M3 出土早期铁器时代折缘铜镜 1

---

① 新疆文物考古研究所：《裕民县阿勒腾也木勒水库墓地考古发掘报告》，《新疆文物》2012 年第 3-4 期。

② 新疆文物考古研究所：《克—塔铁路沿线墓葬考古发掘报告》，《新疆文物》2018 年第 1-2 期。

③ 新疆文物考古研究所：《新疆沙湾宁家河水库墓地发掘简报》，《文物》2020 年第 4 期。

④ 新疆社会科学院考古研究所：《克尔木齐古墓群发掘简报》，《文物》1981 年 1 期；新疆文物考古研究所：《新疆文物考古新收获（1979—1989）》，新疆人民出版社，1995，第 176-185 页。

46

47

新疆古代铜镜

件，直径 9 厘米、高 1.5 厘米。①

（2）喀拉苏墓地，2014 年 5—7 月，M15 出土汉代前后具柄镜 2 件，其中 1 件直径 16.9 厘米、柄长 9.9 厘米。②

3. 布尔津县 4 件

（1）也拉曼墓群，2011 年 4—6 月，博拉提一号墓地 M5 出土战国—西汉折缘铜镜 1 件，直径 8.1 厘米。③

（2）征集铜镜 3 件。包括：瑞兽纹铜镜 1 件，直径 16.5 厘米；④ 许由巢父故事图铜镜 1 件，直径 11.2 厘米；⑤ 铜镜 1 件，直径 11 厘米。⑥

4. 富蕴县 2 件

（1）萨乌迭戈尔墓地，2008 年 7—8 月，M21 出土公元前 3 世纪至公元前后直柄铜镜 1 件，直径 5.5 厘米、高 9 厘米。⑦

（2）富蕴县海子口墓地，出土早期铁器时代虎纹柄镜 1 件，直径 6.8 厘米。有短侧柄，柄长 1.7 厘米，柄部正中有一圆孔。

5. 青河县 1 件

青河县查干郭勒乡加迪尔塔斯墓于 2011 年出土宋代具柄铜镜，通长 15 厘米、直径 8 厘米。

6. 阿勒泰地区博物馆馆藏 6 件

（1）1995 年，征集宋代飞鸟葡萄纹铜镜 1 件，直径 9.4 厘米。

（2）1990 年，阿勒泰市汗德尕特乡征集辽代仙人龟鹤带柄铜镜 1 件，直径 9.4 厘米、厚 2.8 厘米、柄长 8.5 厘米、通长 17.9 厘米。

（3）2006 年，福海县征集乐器纹带柄铜镜 1 件，直径 7.8 厘米。

---

① 新疆文物考古研究所：《哈巴河县加朗尕什墓地、哈拜汗墓地考古发掘报告》，《新疆文物》2013 年第 2 期。

② 于建军、胡望林：《2014 年新疆哈巴河县喀拉苏墓地考古发掘新收获》，《西域研究》2015 年第 1 期，第 132 页。

③ 新疆文物考古研究所：《布尔津县也拉曼墓群考古发掘简报》，《新疆文物》2017 年第 4 期。

④ 阿勒泰地区文物局、阿勒泰地区博物馆：《狩猎游牧黄金道》，新疆科学技术出版社，2015，第 230 页。

⑤ 同上书，第 229 页。

⑥ 同上书，第 230 页。

⑦ 新疆文物考古研究所：《富蕴县萨乌迭戈尔墓地考古发掘报告》，《新疆文物》2015 年第 1 期。

（4）1993 年，哈巴河县萨尔布拉克镇喀拉塔斯村征集宋代四花纹铜镜 1件，直径 10 厘米。

（5）1990 年，哈巴河县库勒拜镇塔斯喀拉村征集辽代柳毅传书铜镜 1件，直径 9.4 厘米。

（6）1990 年，哈巴河县库勒拜镇塔斯喀拉村，征集元代犀牛望月带柄铜镜 1 件，通长 12.8 厘米、直径 9.2 厘米。

（十三）其他：共发现铜镜 16 件

1. 新疆维吾尔自治区博物馆馆藏主要铜镜 13 件

（1）连弧纹日光镜 1 件，汉代，1972 年奇台县征集，直径 8.6 厘米。

（2）"金榜题名"镜 1 件，明代，1973 年乌鲁木齐废品站征集，直径 24.5 厘米。

（3）龙纹镜 1 件，明代，1973 年征集，直径 10.7 厘米。

（4）仙鹤人物多宝镜 1 件，明代，1973 年征集，直径 11.6 厘米。

（5）双龙纹镜 1 件，明代，1973 年征集，直径 13 厘米。

（6）双龙纹镜 1 件，明代，1973 年征集，直径 12.5 厘米。

（7）海兽纹铜镜 1 件，唐代，乌鲁木齐市征集，直径 10 厘米。

（8）仙鹤人物多宝镜 1 件，明代，乌鲁木齐市征集，直径 10 厘米。

（9）钟形铜镜 1 件，清代，乌鲁木齐市征集，13.3 厘米×8.9 厘米。

（10）乳钉纹铜镜 1 件，唐代，伊犁海关征集，直径 12.91 厘米。

（11）"百寿团圆"镜 1 件，明代，征集。

（12）海兽葡萄纹铜镜 1 件，唐代，1982 年米泉县采集，直径 10.4 厘米。

（13）海兽葡萄纹镜 1 件，唐代，直径 9.5 厘米，乌鲁木齐文化馆征集。

2. 石河子军垦博物馆馆藏主要铜镜 3 件

（1）素面环柄镜 1 件，战国时期，石河子乡征集，柄长 2.2 厘米、宽 1.6~2.2 厘米，径长 7.4~7.9 厘米。[①]

（2）仙山人物镜 1 件，元代，直径 12.8 厘米。[②]

（3）征集宋代铜镜 1 件，直径 8.5 厘米。

---

① 刘静：《石河子历史遗迹及馆藏文物概览》，新疆生产建设兵团出版社，2016，第 108 页。

② 同上书，第 168 页。

第二章　不同历史时期新疆古代铜镜的类型

新疆地区的古代铜镜可大致分为先秦、两汉魏晋南北朝、隋唐、宋辽金元和明清五个时期，各时期铜镜因技术传统和形制可分为不同的类型，现分述如下：

一、先秦时期铜镜的类型

新疆出土的先秦时期的铜镜有 140 余件，主要分布在新疆乌鲁木齐、哈密、伊犁、阿勒泰和巴州等地区，基本上出土于墓葬之中，均为铸造而成。根据出土铜镜的形制特征，可分为圆形具钮镜和圆板带柄镜两大类型。

（一）圆形具钮镜

镜的形状为圆形，正面平直或微凸，背面光素或有纹饰，背面正中铸有一钮，镜的边缘平直或向上翻卷。依据以上特征，圆形具钮镜可分为平缘素面镜、折缘素面镜和纹饰镜三种类型。

1. 平缘素面镜

圆形，镜缘平直，镜背光素，多为桥形钮，直径 4.5~11 厘米，有 50 余件。出土的典型铜镜有：

图 1

哈密天山北路墓地出土，青铜时代。直径 7.6 厘米，现藏哈密市博物馆。圆形，素面，桥形钮。

图 2

哈密天山北路墓地出土，青铜时代。直径8.3厘米，现藏哈密市博物馆。圆形，素面，桥形钮。

图 3

哈密天山北路墓地出土，青铜时代。直径7.4~7.8厘米，现藏哈密市博物馆。圆形，素面，桥形钮。

图 4

哈密天山北路墓地出土，青铜时代。直径7.5厘米，现藏哈密市博物馆。圆形，素面，桥形钮。

图 5

哈密天山北路墓地出土，青铜时代。直径8~8.6厘米，现藏哈密市博物馆。圆形，素面，桥形钮。

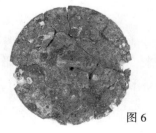

图 6

哈密天山北路墓地出土，青铜时代。直径9.4厘米，现藏哈密市博物馆。圆形，素面，桥形钮。

新疆古代铜镜

图 7

哈密天山北路墓地出土，青铜时代。直径9.4厘米，现藏新疆文物考古研究所。圆形，素面，桥形钮。

图 8

哈密天山北路墓地出土，青铜时代。直径7.5厘米，现藏新疆文物考古研究所。圆形，素面，桥形钮。

图 9

和静县莫呼查汗一号墓地 M8 出土，青铜时代。直径7.8厘米，现藏新疆文物考古研究所。圆形，素面，桥形钮。

图 10

和静县莫呼查汗一号墓地 M10 出土，青铜时代。直径6.4厘米，现藏新疆文物考古研究所。圆形，素面，桥形钮。

图 11

和静县莫呼查汗一号墓地 M79 出土，青铜时代。直径7.8厘米，现藏新疆文物考古研究所。圆形，素面，桥形钮。

图 12

和静县莫呼查汗一号墓地 M124 出土，青铜时代。直径 8.3 厘米，现藏新疆文物考古研究所。圆形，素面，桥形钮。

图 13

和静县莫呼查汗一号墓地 M125 出土，青铜时代。直径 6.2 厘米，现藏新疆文物考古研究所。圆形，素面，桥形钮。

图 14

和静县莫呼查汗一号墓地 M150 出土，青铜时代。直径 8.7 厘米，现藏新疆文物考古研究所。圆形，素面，桥形钮。

图 15

和静县莫呼查汗一号墓地 M151 出土，青铜时代。直径 8.7 厘米，现藏新疆文物考古研究所。圆形，素面，桥形钮。

图 16

和静县莫呼查汗二号墓地 M15 出土，青铜时代。直径 7.1 厘米，现藏新疆文物考古研究所。圆形，素面，桥形钮。

图 17

鄯善县洋海墓地出土，距今 3300—2200 年。直径 7 厘米，现藏新疆文物考古研究所。圆形，素面，桥形钮。

图 18

乌鲁木齐萨恩萨伊墓地 M82 出土，早期铁器时代。直径 10.9 厘米，厚 0.1 厘米。现藏新疆文物考古研究所。圆形、素面。

图 19

伊犁尼勒克县墩那高速公路沿线（尼勒克段）墓地出土，早期铁器时代。直径 7.9 厘米，现藏新疆文物考古研究所。圆形，素面，桥形钮。

图 20

特克斯县阔克苏西二号墓群 M59 出土，早期铁器时代。直径 8.2 厘米，现藏新疆文物考古研究所。圆形，素面，桥形钮。

图 21

昌吉努尔加墓地出土，早期铁器时代。直径 8.1 厘米，现藏新疆文物考古研究所。圆形，素面，桥形钮。

图 22

尼勒克县穷科克遗址出土，早期铁器时代。直径 9 厘米，现藏伊犁州博物馆。圆形，素面，桥形钮。

图 23

和田地区于田县博物馆征集，夏至周代。直径 17.5 厘米，现藏和田地区博物馆。圆形，素面，桥形钮。

图 24

和田地区博物馆克里雅河下游采集，夏至周代。直径 10 厘米，现藏和田地区博物馆。圆形，素面，桥形钮。

图 25

和静县察吾呼沟一号墓地 M206 出土，春秋时期。直径 8.6 厘米，现藏和静县博物馆。圆形，素面，桥形钮。

图 26

鄯善县洋海墓地出土，先秦时期。直径 7 厘米，现藏吐鲁番博物馆。圆形，素面，桥形钮。

2. 折缘素面镜

圆形，镜缘翻折，镜背光素，共发现 20 余件。依据墓葬的年代，折缘素面镜要比平缘素面镜的时代稍晚，流行于早期铁器时代。典型铜镜主要有：

沙湾县宁家河水库墓地 M36 出土，青铜时代。直径 9.6 厘米，现藏新疆文物考古研究所。圆形，素面，弦纹钮，折沿。

图 27

哈密市焉不拉克古墓群 M64 出土，青铜时代。直径 9.3 厘米，现藏哈密市博物馆。圆形，素面，桥形钮，折沿。

图 28

乌鲁木齐萨恩萨伊墓 M106 出土，青铜时代晚期。直径 9.6 厘米，厚 0.2 厘米。现藏新疆文物考古研究所。圆形，素面，桥形钮，折沿。

图 29

乌鲁木齐萨恩萨伊墓 M89 出土，青铜时代晚期。直径 14.3 厘米，厚 0.1 厘米。现藏新疆文物考古研究所。圆形，素面，桥形钮，折沿，边缘略残。

图 30

拜城县克孜尔水库墓地出土，早期铁器时代。直径12.5厘米，现藏新疆文物考古研究所。圆形，素面，桥形钮，卷沿。

图31

阿勒泰地区哈巴河县哈拜汗墓地 M3 出土，早期铁器时代。直径9厘米，现藏新疆文物考古研究所。圆形，素面，桥形钮，折沿。

图32

和静县莫呼查汗一号墓地 M106 出土，距今2900—2800年。直径8.6厘米，现藏新疆文物考古研究所。圆形，素面，桥形钮，卷沿。

图33

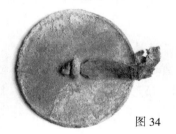

伊犁州特克斯县阔克苏西墓地出土，距今2800—2400年。直径9.3厘米，现藏新疆文物考古研究所。圆形，素面，桥形钮，折沿。

图34

托里县铁厂沟阿尔帕萨勒干墓地 M2 出土，商周时期。直径14厘米，现藏托里县博物馆。圆形，素面，桥形钮，折沿。

图35

托里县庙尔沟镇春秋牧场古墓葬出土，战国时期。直径 14.9 厘米，现藏托里县博物馆。圆形，素面，桥形钮，折沿。

图 36

伊犁州 G218 沿线（新源段）墓葬出土，战国时期。直径 14.3 厘米，现藏新源县博物馆。圆形，素面，桥形钮，折沿。

图 37

阿勒泰切木尔切克墓地出土，战国时期。直径 5.8 厘米，现藏新疆维吾尔自治区博物馆。圆形，素面，桥形钮，折沿。

图 38

阿勒泰地区布尔津县也拉曼墓地出土，战国时期。直径 8.1 厘米，现藏新疆文物考古研究所。圆形，素面，桥形钮，折沿。

图 39

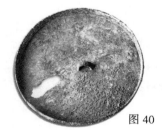

昌吉吉木萨尔县大龙口墓地 M10 出土，战国时期。直径 21 厘米，现藏昌吉州博物馆。圆形，素面，桥形钮，折沿。

图 40

3. 纹饰镜

铸造而成，均出自墓葬，共发现 15 件。依据镜背主题纹饰，分为重弦辐射纹镜、人面纹镜、多重三角弦纹镜、多圈凸弦纹镜、放射状多圈弦纹镜、兽纹镜、山字纹镜、几何纹镜和乳钉纹镜等。

（1）重弦辐射纹镜

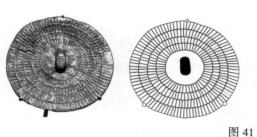

哈密天山北路墓地出土，青铜时代。直径 8.8 厘米，现藏哈密市博物馆。圆形，桥形钮，圆钮座，镜背有凸弦纹 4 周，内填放射状短线纹。

图 41

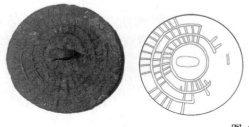

哈密天山北路墓地出土，青铜时代。直径 7.4 厘米，现藏哈密市博物馆。圆形，桥形钮，圆钮座，镜背有凸弦纹 3 周，内填放射状短线纹。

图 42

哈密天山北路墓地出土，青铜时代。直径 7.3 厘米，现藏哈密市博物馆。圆形，桥形钮，圆钮座，镜背有凸弦纹两周，内填放射状短线纹。

图 43

（2）人面纹镜

哈密市天山北路墓地出土，青铜时代。直径7.8厘米，现藏哈密市博物馆。圆形，背饰人面，人鼻为钮，周饰放射状短直线。

图44

（3）多重三角弦纹镜

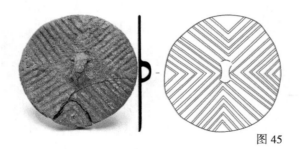

和静县莫呼查汗一号墓地 M130 出土，距今2900—2800 年。直径 8.4厘米，现藏新疆文物考古研究所。圆形，桥形钮，镜背有四区多重三角弦形凸纹。

图45

（4）多圈凸弦纹镜

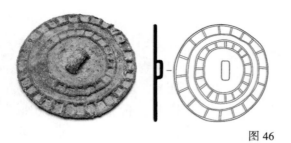

和静县莫呼查汗一号墓地 M128 出土，青铜时代。直径 6.5 厘米，现藏新疆文物考古研究所。圆形，桥形钮，内区有两周凸弦纹，内填18 条节状凸线，外区至镜边缘也有两周凸弦纹，内填18 条节状凸线。

图46

（5）放射状多圈弦纹镜

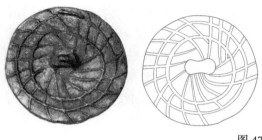

图 47

乌鲁木齐萨恩萨伊墓地 M113 出土，青铜时代。直径 11.3 厘米，现藏新疆维吾尔自治区博物馆。圆形，桥形钮，从镜钮向镜缘四周饰多圈放射状弦纹。

（6）兽纹镜

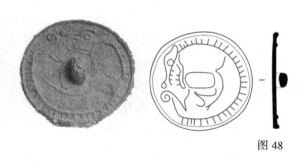

图 48

和静县察吾呼墓地 M165 出土，青铜时代。直径 9 厘米，现藏新疆维吾尔自治区博物馆。圆形，锈蚀比较严重，背面浮起窄的边廓，桥形钮，沿边廓内铸有蜷曲的兽纹。兽的吻部较长，圆眼，嘴大张，牙齿呈倒三角形，或短线形，耳朵呈三角竖状。另外，尾巴作卷曲的涡纹，身体长而窄，表现得比较凶猛。

和静县察吾呼四号墓地 M114 出土，青铜时代。直径 9 厘米，现藏新疆文物考古研究所。圆形，桥形钮，背面饰卷曲兽纹，目圆，嘴大，齿利，一副凶猛相，具有典型的草原风格。

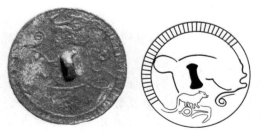

图 49

（7）山字纹镜

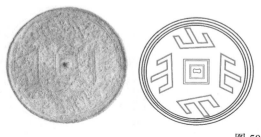

图 50

玛纳斯县包家店镇黑梁湾二号墓出土，战国时期。直径 11.5 厘米，现藏玛纳斯县博物馆。圆形。三弦钮，凹面方框钮座，为四山纹镜，"山"字左旋，素窄卷边。

图 51

轮台县阿孜干墓地出土，战国时期。直径 11.7 厘米，现藏新疆文物考古研究所。圆形，弦钮，方框钮座，为四山纹镜，"山"字左旋，素窄卷边。

（8）几何纹镜

图 52

吐鲁番加依墓地 M55 出土，青铜时代—早期铁器时代。直径 6.8 厘米，现藏新疆文物考古研究所。圆形，桥形钮，背面呈几何纹，略似五角星。

（9）乳钉纹镜

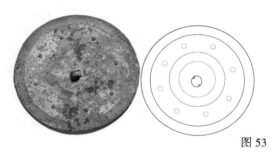

图 53

伊犁州 G218 沿线（新源段）墓葬出土，战国时期。直径 10.3 厘米，现藏新疆文物考古研究所。圆形，桥形小钮，背面有三道弦纹，一、二道弦纹之间均匀分布 8 个乳钉纹。

（二）圆板带柄镜

在新疆地区出土 60 余面，镜的形状是圆形镜板加执柄组成，青铜铸造而成，柄部有锻造，大多数镜柄末端有环首孔。依据柄的形状特征主要分为有孔柄镜、无孔柄镜、长柄镜、铁柄镜、兽纹柄镜和叶脉纹柄镜六种类型。

1. 有孔柄镜

圆形镜身，镜柄为环形或镜柄末端有 1~2 个小孔，共发现 20 余件。

石河子乡六宫村征集，早期铁器时代。直径 7.4~7.9 厘米，柄长 2.2 厘米，现藏新疆兵团军垦博物馆。圆形，素面，有一环形短柄。

图 54

乌鲁木齐柴窝堡古墓出土，早期铁器时代。直径 7.7 厘米，柄长 3.3 厘米，现藏新疆文物考古研究所。圆形，素面，环孔柄。

图 55

阜康市三工河征集，早期铁器时代。通长 15.6 厘米，直径 11 厘米，现藏阜康市博物馆。桃形，一端置柄，柄上有三角形孔。

图 56

图 57

轮台县群巴克一号墓地 M34 出土，早期铁器时代。通长 14.4 厘米，镜面直径 8.9 厘米，现藏巴州博物馆。圆形，一端置长条柄，柄略厚，柄端有一孔，近似三角形。

图 58

鄯善县公安局移交（鄯善县洋海墓地出土），早期铁器时代。直径 11.5 厘米，柄长 4.4 厘米，现藏鄯善县博物馆。镜面圆形，短柄，柄端有一孔。

图 59

哈密伊吾县拜其尔墓地 M26 出土，早期铁器时代。直径 6.1 厘米，柄残长 1.2 厘米，现藏哈密市博物馆。圆形，一侧有短柄，柄上有一孔，孔已残损。柄与镜身连接处也有一圆形小孔。

图 60

特克斯县喀甫萨朗四号墓群出土，战国时期。直径 9.2 厘米，柄长 3.5 厘米，现藏伊犁特克斯县博物馆。圆形，一端置柄，柄为宽条形，柄端有一大一小两个孔。

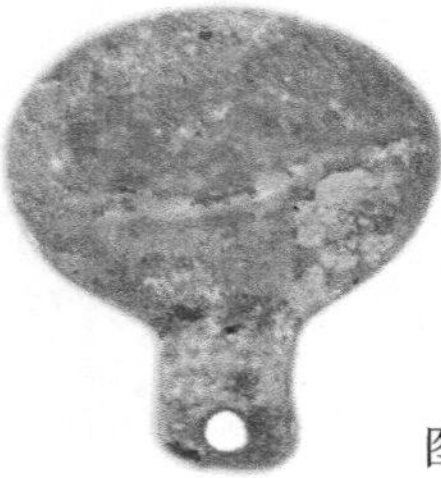

图 61

特克斯县喀甫萨朗四号墓群出土，战国时期。直径 8.7 厘米，柄长 4.8 厘米，现藏伊犁特克斯县博物馆。镜面圆形，短宽形柄，柄端有一孔。

图 62

尼勒克县乌吐兰墓地 M4 出土，秦汉时期。直径 9.9～10.7 厘米、柄长 3.6 厘米，现藏新疆文物考古研究所。镜面圆形，短柄，柄端有一孔。

2. 无孔柄镜

圆形镜面，一端置柄，柄长短不一，有直柄、梯形柄，有的柄端卷曲。共有 15 件。

图 63

哈密五堡墓地出土，青铜时代。通长 15.3 厘米、直径 8.5～9.5 厘米，柄长 6 厘米。现藏新疆文物考古研究所。圆形，一端置柄。柄部上端铸一高 1 厘米的桥形钮，并系有较宽的皮条，在镜面背部残留毛织镜袋的毛织物痕迹。

图 64

伊犁吉仁台沟口遗址出土，青铜时代。直径 9.5 厘米，柄长 4.3 厘米，现藏新疆文物考古研究所。镜面圆形，长条柄，柄端卷曲。

图 65

和静县拜勒其尔古墓地 M201 出土，青铜时代。直径 17～17.4 厘米、通长 20.9 厘米，现藏新疆文物考古研究所。圆形，一端置短柄。

塔什库尔干县吉尔赞喀勒墓地出土，青铜时代晚期—早期铁器时代。直径 11.9 厘米，现藏新疆文物考古研究所。镜面圆形，一边带有梯形柄，镜面边缘稍残。

图 66

2009 年尼勒克县东麦里墓地 M27 出土，早期铁器时代。直径 9.4 厘米、柄长 5.4 厘米，现藏新疆文物考古研究所。圆形，一端置柄，柄呈长条形。

图 67

伊犁尼勒克县吉林台库区古墓别特巴斯陶古墓出土，春秋战国时期。通长 16.7 厘米，镜面直径 10.5 厘米，现藏新疆文物考古研究所。圆形，一端置柄，柄较长。

图 68

2016 年伊宁市征集，战国时期。直径 11.8 厘米、通长 16 厘米，现藏伊犁州博物馆。圆形，一端置柄，柄为窄条形。

图 69

2002 年乌苏四棵树镇出土，战国时期。现藏新疆文物考古研究所，圆形，一端置柄，柄呈锥状，镜背面有两圈弦纹。

图 70

3. 长柄镜

圆形镜面，一端置长条形柄，柄端较宽，镜背有弦纹，柄长 9 厘米以上。共有 6 件。

伊犁新源县阿尤赛沟墓地 M3 出土，青铜时代。直径 18.2 厘米，柄长 14.5 厘米，现藏新疆文物考古研究所。圆形，一端置柄，长柄，柄端较宽。

图 71

伊犁尼勒克县萨尔布拉克沟古墓出土，早期铁器时代。通长 34 厘米，直径 20.5 厘米，现藏新疆文物考古研究所。圆形，一端置柄，长条形柄，镜面有一圈凸起的弦纹。

图 72

伊犁新源县铁木里克古墓群出土，春秋战国时期。直径 14.9 厘米，柄长 10 厘米，现藏新疆文物考古研究所。圆形，一端置柄，略弯曲，柄端有一小孔。

图 73

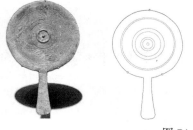

哈巴河县喀拉苏墓地出土，战国时期。直径 16.9 厘米，柄长 9.9 厘米，现藏新疆文物考古研究所。圆形，一端置一长柄，镜背饰小圆钮，外饰凸棱一圈，再向外饰四圈弦纹，应是范铸而成。

图 74

图 75

乌苏四棵树墓群 M3 出土，战国时期。直径 16.6 厘米，柄长 11 厘米，现藏新疆文物考古研究所。圆形，一端置柄，柄呈梯形，镜背面有两道阴线组成的 3 个同心圆纹饰。

图 76

伊犁州 G218 沿线（新源段）墓葬出土，战国—汉代。直径 12 厘米，柄长 9.8 厘米，现藏新疆文物考古研究所。圆形，一端置柄，长条形柄，镜面边缘稍残。

4. 铁柄镜

图 77

和静县巴伦台古墓地 M1 出土，战国时期。通长 16 厘米，直径 9 厘米，圆形，一端置一铁柄，铜镜面与铁柄合铸，柄较长。

5. 兽纹柄镜

目前只发现 4 件。1 件是虎纹柄镜，将一虎形图案浅刻于镜背中部。其余 3 件直接以兽作柄，带有浓郁的草原艺术风格。

（1） 虎纹柄镜

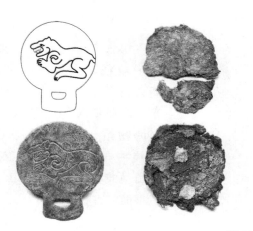

图 78

富蕴县海子口墓地 M10 出土，早期铁器时代。直径 6.8 厘米，柄长 1.7 厘米，现藏新疆文物考古研究所。圆形，中部略厚，边缘略薄，一端置短柄，铜柄部正中有一长圆孔，铜镜背面中部浅刻一虎形图案。出土时放置于镜袋内。镜袋已朽，大致呈圆形，最外侧为木结构，中部为皮革，内侧衬布，并用小片金箔作为装饰。

（2） 立羊柄镜

图 79

特克斯县恰甫其海水库墓群叶什列克古墓 M5 出土，早期铁器时代。镜面直径 10.6 厘米，通长 17.5 厘米，现藏新疆文物考古研究所。圆形，带柄，柄顶站立一圆雕的北山羊雕像，有大而弯的双角、短尾、肥硕的脑袋、健壮的四肢，十分精确地把握了北山羊的形态。背部有一个小钮。

1965 年哈密市伊吾县苇子峡征集，战国时期。通高 16 厘米，直径 7.7 厘米，现藏新疆维吾尔自治区博物馆。圆形，镜一端铸接一羊，羊低首直立，长角呈波状后曲，耳耸立，造型简洁古朴。

图 80

（3）兽柄镜

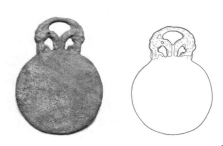

哈密市艾斯克霞尔南墓地出土，距今 2800—2500 年。通长 9 厘米，直径 6.5 厘米，现藏新疆文物考古研究所。圆形，一端置柄，柄为 2 只低头相对的动物。

图 81

6. 叶脉纹柄镜

目前只在和田地区发现 2 件，均带柄，其中 1 件采集于克里雅河下游。

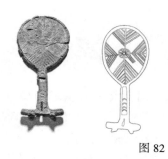

图 82

克里雅河下游采集，青铜时代。通长27.5厘米，宽11.5厘米，现藏和田地区博物馆。镜面椭圆形，"T"形柄，背面饰有4组由直线和两侧放射状斜线组成的叶脉状纹饰。柄部饰有小短线组成的平行折线纹。

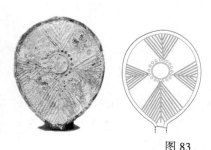

图 83

2018年和田地区博物馆征集，青铜时代。残长11厘米，宽8.4厘米，现藏和田地区博物馆。椭圆形带柄铜镜，镜柄残断，镜背饰有4组由直线和两侧放射状斜线组成的叶脉状纹饰，镜背中心饰有圆形凸弦纹，弦纹外侧饰有18个小乳钉纹。

二、两汉魏晋南北朝时期铜镜的类型

随着汉王朝在西域行使国家权力以来，西域与内地的联系更加紧密。目前，在新疆地区已出土了160余件两汉魏晋南北朝时期的铜镜。其种类繁多，可分为两类：第一类是先秦时期传承下来的，数量很少；第二类是中原汉地流行的汉式铜镜。这些铜镜主要分布在巴州若羌县的罗布淖尔地区、楼兰遗址、尉犁县营盘墓地以及和田地区洛浦县山普拉墓地和民丰县尼雅遗址等，以楼兰地区出土最多。

（一）承袭先秦时期风格的铜镜

这一类铜镜有10余件，分为带柄镜和平缘素面镜两种类型。

1. 带柄镜

主要有"S"形柄镜、有孔柄镜和木框嵌镜。

（1）"S"形柄镜

图 84

1994 年吐鲁番交河沟北一号墓地 M16 出土，汉代。直径 6.2 厘米，柄长 5.2 厘米，现藏吐鲁番博物馆。圆形，"S"形曲柄，焊接在镜面边沿一块略呈马鞍形的铜片上，柄的背面有一道略呈半月形凹状饰，中有圆形系孔。

（2）有孔柄镜

图 85

1994 年奇台县东湾镇根葛尔村墓葬采集，汉代时期。直径 7 厘米，柄长 2.3 厘米，圆形，一端置一短柄，柄上有一小孔。

图 86

且末扎滚鲁克墓地出土，西汉时期。镜面直径 8 厘米，柄长 2 厘米、宽 1.9 厘米，素面、短柄。柄上有系眼，柄端厚，远端薄。

（3）木框嵌镜

图 87

2007 年吐鲁番胜金店墓地出土，西汉时期。通长 10.5 厘米，镜框直径 4.4 厘米，厚 0.4 厘米，现藏吐鲁番博物馆。三角形青铜镜残片，其背有钮，穿以皮绳，镶嵌在一带柄木框中，镜面用 6 个小木钉固定，木框为圆木削制而成。

2. 平缘素面镜

哈密巴里坤东黑沟墓地 M015 出土，西汉前期。直径 5.8 厘米，现藏新疆文物考古研究所。圆形，素面，桥形钮。

图88

哈密五堡亚尔墓地出土，东汉时期。直径 5.4~5.8 厘米，现藏哈密地区博物馆。圆形，素面，桥形钮。

图89

（二）中原汉式铜镜

新疆出土的中原汉式铜镜有 150 余件，主要分布在若羌、民丰、尉犁、库车、吐鲁番等地。主要类型有：星云纹镜、铭文镜、博局纹镜、四乳四虺纹镜、连弧纹镜、龙虎纹镜和铁镜等。

1. 星云纹镜

新疆地区星云纹镜目前只发现 3 件，均为出土。

图90

2002 年若羌县罗布泊西岸采集，东汉时期。直径 11.5 厘米，现藏巴州博物馆。连峰式钮，圆形钮座。外区四方饰四乳钉，其间饰小乳钉并用弧线相连，组成星云纹。边缘稍残，饰内向十六连弧纹一圈。

图 91

1996 年吐鲁番交河沟西墓地 M1 出土，东汉时期。残存 1/4，复原直径 11 厘米，现藏吐鲁番博物馆。连峰式钮，钮座由 8 枚乳钉与曲线相连。座外一周为弦纹和 4 瓣相对的弧线纹圈带及短斜线纹。在短斜线纹及两周弦纹之间，有 4 枚圆座乳相间的 4 组星云纹，每组有 6 枚小乳与卷曲的云纹相连。内向十六连弧纹镜缘。

2. 铭文镜

此类铜镜数量有 20 余件，主要有"宜家常贵""君宜高官""长宜子孙""家常富贵"铭文镜及"长毋相忘，既长相思"四乳铭文镜、"昭明"连弧铭文镜等。

（1）"宜家常贵"铭文镜

图 92

洛浦县山普拉 M2 出土，汉代。直径 6.1 厘米，现藏新疆维吾尔自治区博物馆。圆钮，圆形钮座。内外两周弦纹间饰铭文四字"宜家常贵"，每两字间置一乳钉纹，边缘饰内向十六连弧纹一圈。

（2）"君宜高官"铭文镜及刺绣镜袋

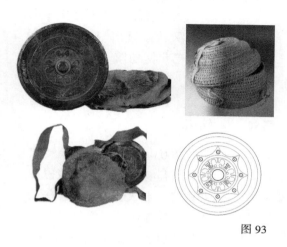

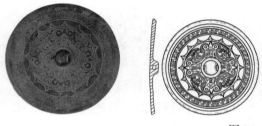

图93

1959年民丰县尼雅遗址一号墓出土，东汉时期。直径12.3厘米，现藏新疆维吾尔自治区博物馆。圆钮，柿蒂纹钮座，饰凸弦纹一周，其外饰内向八连弧纹一圈。宽素边缘。铜镜出土时盛于刺绣镜袋里，置于藤条编成的圆奁中，奁内还有刺绣粉袋、梳、篦各一，以及各色丝线一束、丝绵团一个，两个缠有丝线的小木棒及织锦碎屑若干。

2002年若羌县LE古城北墓地采集，东汉时期。直径10.6厘米，现藏巴州博物馆。半球形钮，四出对鸟纹，内填隶书"君宜高官"，以两圈凸线组成向心圆，一周绕卷云纹，外一周内连弧纹，内填星纹，最外圈为变体云气纹，镜缘外斜。

图94

（3）"长毋相忘，既长相思"四乳铭文镜

图95

2013年哈密五堡亚尔墓地出土，东汉时期。直径10厘米，现藏哈密地区博物馆。圆形，弓形钮，方形钮座外饰一大方框。钮座与方框间有铭文"长毋相忘，既长相思"8个字。大方框四角各有一乳钉，大方框每边的正中各出一草叶纹。

（4）"昭明"连弧铭文镜

图96

莫呼查汗二号墓地 M63 出土，汉代。直径 10.5 厘米，现藏巴州博物馆。圆形，只存一半，锈蚀严重。铜镜钮周有弦纹、连弧纹等，并且保存有铭文。

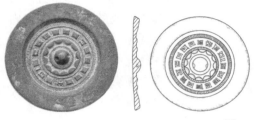

图97

2003 年若羌县征集，汉代。直径 9.3 厘米，现藏巴州博物馆。半球形钮，内区有 12 道向心连弧纹，以宽带环隔为内外两区，外区铸铭文一圈，铭文字体方正。

图98

2010 年木垒县征集，西汉时期。直径 9 厘米，现藏木垒县博物馆。圆钮，圆形钮座，外饰内向连弧纹一圈。其外两圈射线纹间饰铭文一圈。宽素缘。

（5）连弧铭文镜

图99

1999 年尉犁县营盘墓地 M7 发掘出土，汉晋时期。直径 8.3 厘米，现藏新疆文物考古研究所。圆形钮。内区向外均匀放射出四组变形蒂纹，叶间各有一汉字铭文，现仅可看清一"三"字。外区一周细弦纹外为八内向连弧纹圈带。原本已破成两块，用铜片焊接修补过。

图 100

库车友谊路墓地出土，魏晋十六国时期。直径 9 厘米，现藏新疆文物考古研究所。圆钮，圆形钮座，座外饰一圈凸弦纹和内向八连弧纹。向外两周射线纹中夹饰一周铭文。宽素缘。

图 101

1985 年奇台县老奇台镇征集，汉代。直径 7.5 厘米，现藏新疆维吾尔自治区博物馆。圆钮，圆形钮座，座外饰一圈凸弦纹和内向八连弧纹。向外两周射线纹中夹饰一周铭文。宽素缘。

图 102

2003 年若羌县 LE 古城北 5000 米被盗墓清理出土，汉晋时期。残长 6.5 厘米，残宽 3.3 厘米，现藏巴州博物馆。铜镜残缺、锈蚀严重，保存了靠近钮的一部分。铜镜钮周有弦纹、连弧纹等，并且保存有铭文"光而象夫而日"等字。

（6）"宜"字铭文镜

1995 年尉犁县营盘墓地 M31 发掘出土，汉晋时期。铜镜残 2/3，残长 7 厘米，复原直径 7.3 厘米。现藏巴州博物馆。镜呈圆形，斜窄素缘，表面磨损严重，纹样和铭文极不清晰。最外面是两周呈放射状短线纹，向内是镜的主题纹样。带铭镜。铭文仅存"宜"字，"宜"字两侧是由直线和曲线组成的花草纹。

图 103

（7）铭文镜

1914 年 2 月，奥里尔·斯坦因在楼兰地区 L. C 墓地发现（编号：L. C. 013）。原文：背面素面，宽平沿，沿内与中心半球形镜钮之间分别为一圈用短斜线表示的绳索纹；一圈铭文带，8 个浅浮雕汉字，各字间用小的涡纹和菱形纹间隔；一圈细凸弦纹；一圈宽凸弦纹。[①]

图 104

3. 博局纹镜（规矩纹镜）

目前发现 10 余件，有四神博局镜、简化博局镜和新莽博局镜。

---

① 奥雷尔·斯坦因：《亚洲腹地考古图记》，巫新华、秦立彦、龚国强、艾力江译，图版 XXIV。

（1）四神博局镜

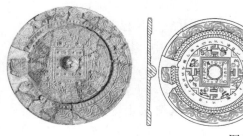

图 105

1990 年和静县 223 团机务连采集，东汉时期。直径 10 厘米，现藏和静县博物馆。镜圆形，圆钮，圆座。内区方格内是乳钉纹和十二地支铭文，铺地为规矩纹、乳钉纹、青龙、白虎、朱雀、玄武四神各占一方。外区是环列铭文"尚方作镜真太巧，上有仙人不知老。渴饮玉泉饥食枣，浮游天下激四海" 28 个隶书字样。其外侧，镜边较宽，三角锯齿纹、流云纹环列。

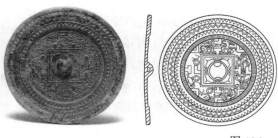

图 106

1984 年和静县察吾呼沟三号墓地 7 号墓出土，东汉时期。直径 11.9 厘米，现藏巴州博物馆。半圆形钮，四叶纹座，座外有方形界栏，栏外有八乳和规矩纹，其间列布八禽兽，外区为两周锯齿纹和一周双线水波纹。

（2）简化博局镜

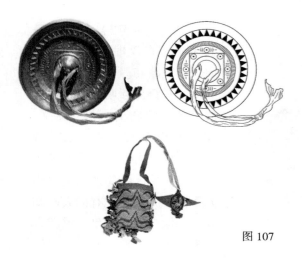

图107

1995年民丰县尼雅遗址一号墓地 M8 出土，汉晋时期。直径7.4厘米，现藏新疆文物考古研究所。圆形，圆钮，红绢为带。出土时铜镜盛于虎斑纹锦袋中，袋内还装有胭脂粉包、线团、绢卷、缠绕多色彩线的线轴、皮顶针等女红用品。8号墓中，还出土了著名的"五星出东方利中国"锦护臂。

图108

1914年2月，奥里尔·斯坦因在楼兰地区 L. C 墓地发现（编号：L. C. 021），汉晋时期。原文：宽沿，边缘为斜面，内缘饰锯齿纹，球形镜钮居背面中央。沿内依次饰射线纹带、素面带、宽浮雕带（交替饰 4 个长方形和 4 个圆形）。正背面镀银，有锈蚀斑痕。①

---

① 〔英〕奥雷尔·斯坦因：《亚洲腹地考古图记》，巫新华、秦立彦、龚国强、艾力江译，图版 XXIV。

图 109

1914年2月,奥里尔·斯坦因在楼兰地区 L. A. 遗址发现(编号:L. A. 0107),汉晋时期。原文:圆形,素面,厚沿,镜背中心有钮,其外有双线的方形框,框的各边中心点向外伸出双线的"T"字纹。再往外,在一凸起的圆圈纹的内边,有与"T"字纹相对应的"L"字纹。在"T"字纹和"L"字纹左右,各有一简单的涡纹,也许是鸟。①

新疆古代铜镜

（3）新莽博局镜

图 110

木垒县博物馆征集,三国时期。直径13厘米,现藏昌吉州博物馆。圆形,圆钮,柿蒂形钮座,钮座外围以双线方框,框外四边饰八乳钉及博局纹,外饰铭文一圈。再向外饰斜线纹和锯齿纹,与边缘间饰勾连云气纹。窄素缘。

4. 四乳四虺纹镜

目前发现5件。民丰县尼雅遗址一号墓地出土的四乳四虺纹镜,出土时盛于缂花毛织镜袋中,十分精美。

---

① 奥雷尔·斯坦因:《亚洲腹地考古图记》,巫新华、秦立彦、龚国强、艾力江译,图版 XXIV。

图 111

1995 年尉犁县营盘墓地 M7 出土，汉晋时期。直径 10.2 厘米，现藏巴州博物馆。铜镜圆形，镜面平整光滑，圆钮，圆钮座，宽素平缘。钮座外纹样依次为平素纹、四组以三条斜短线组成的放射纹、平素纹、以两周细斜线及弦纹间饰的四乳四虺主题纹样。在主题纹样中的四乳之间饰有四虺、八鸟以及云气和折线纹等。

图 112

焉耆县黑疙瘩墓地出土，汉晋时期。直径 9.5 厘米，现藏新疆文物考古研究所。铜镜圆形，镜面平整光滑，圆钮，圆钮座，宽素平缘。钮座外纹样依次为平素纹、四组以三条斜短线组成的放射纹、平素纹、以两周细斜线及弦纹间饰的四乳四虺主题纹样。在主题纹样中的四乳之间饰有四虺、八鸟以及云气和折线纹等。

图 113

民丰县尼雅遗址一号墓地M5 出土，汉晋时期。直径9.4厘米，现藏新疆文物考古研究所。圆钮，圆形钮座。外饰一周射线纹间夹四枚圆座乳钉，两乳间饰一虺纹。最外圈为一周云纹，宽平素缘。铜镜出土时盛于缂花毛织镜袋中，袋内还装有铁带扣、红毛线绳、胭脂包和毛发等物。

新疆古代铜镜

1928 年 4 月，沃尔克·贝格曼在营盘地区发现（编号：K. 13436），汉晋时期。原文：K. 13436，中国青铜镜。镜钮作穹隆状，环以四叶纹。叶外围是一道隆起的素条带。这道条带与宽镜缘之间，为镜子的主要装饰区，该区的两侧各有一道细槽纹条带，其间含 4 个阳纹动物图案（龙、虎），动物之间饰与镜钮相同但较小浮凸饰。宽镜缘中有一圈双波纹条带，波纹的每个间隙处含凸起的小点。标本上面有带绿点的棕红色铜锈。直径 12.5 厘米，缘厚 0.5厘米。[①]

图 114

---

① 沃尔克·贝格曼：《新疆考古记》，王安洪译，新疆人民出版社，2013，第 222 页，图版P1. 15：4。

5. 连弧纹镜

目前发现 6 件。

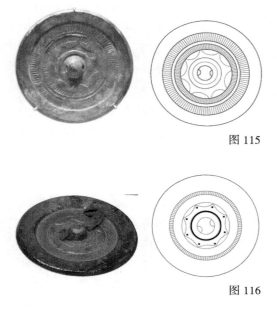

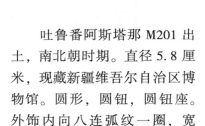

图 115

1995 年尉犁县营盘墓地出土，汉晋时期。直径 9.5 厘米，现藏新疆文物考古研究所。圆形钮座，斜窄素缘，最外面是两周呈放射状短线纹，铜镜表面锈蚀。

图 116

吐鲁番阿斯塔那 M201 出土，南北朝时期。直径 5.8 厘米，现藏新疆维吾尔自治区博物馆。圆形，圆钮，圆钮座。外饰内向八连弧纹一圈，宽素缘。

图 117

民丰县尼雅遗址出土，汉晋时期。直径 9 厘米，现藏新疆文物考古研究所。圆钮，钮座模糊，饰凸弦纹和射线纹一周，其间饰四枚乳钉，边缘为内向十六连弧纹一圈。

6. 龙虎纹镜

目前只发现 2 件，分别为龙纹镜和三虎纹镜。民丰县尼雅遗址一号墓地 M3 出土的龙纹镜，出土时，铜镜盛于"世毋极宜二亲传子孙"锦袋内，置于漆奁中。漆奁中还有栉袋 1 件，以蓝色毛毡缝制而成，栉袋内梳、篦保存完好，其系结处缀饰一颗蓝色料珠。奁内还盛有小香囊，线轴及各种丝绸小团若干。还有一串三联的装有粉和胭脂的小绢包。碎片织物束中，保存了"王侯合昏千秋万岁宜子孙"锦和"世毋极"锦残片。

（1）龙纹镜

图 118

民丰县尼雅遗址一号墓地M3 出土，汉晋时期。直径 9.2 厘米，现藏新疆文物考古研究所。圆形，圆钮，圆座。钮内穿绢面丝锦带，钮座外绕以一道龙形纹。龙嘴张开，迎博圆球，龙身卷曲盘绕。龙形纹外为一道段斜纹栉齿纹圈带，再外为锯齿纹，更外为曲波折线。

（2）三虎纹镜

图 119

哈密市拉甫却克墓地 M35 出土，汉代。直径 16.9 厘米，厚 1.2 厘米，现藏新疆文物考古研究所。圆钮，圆形钮座。座外饰高浮雕三虎，其外三周凸弦纹间依次饰两周短线纹和一周水波纹。窄素缘。

7. 铁镜

新疆地区还发现铁质铜镜 9 件，绝大部分为出土，分素面圆镜和带柄镜两类。其中素面圆镜 7 件，分别是阿克苏地区库车县友谊路墓葬出土 3 件，和静察吾呼沟三号墓地和巴州尉犁县营盘墓地各出土 1 件，若羌县罗布泊地区小河流域采集 1 件，沃尔克·贝格曼 1934 年 6 月在罗布泊小河墓地附近的

C1 号墓中的胡杨棺木里发现随葬红色绸套的铁镜 1 件。带柄镜 1 件，出土于吐鲁番交河沟北一号墓地 M10。

（1）素面圆镜

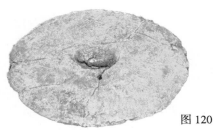

库车县友谊路墓地出土，魏晋十六国时期。直径 9 厘米，现藏新疆文物考古研究所。圆形，圆钮，素面。

图 120

（2）带柄镜

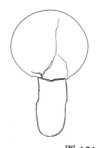

交河沟北一号墓地 M10 出土，汉代。直径 7.35 ~ 8.15 厘米，柄长 7.3 厘米，现藏吐鲁番博物馆。圆形，有长圆形竖柄，为铁质。在镜面与柄焊接处，镜边直。

图 121

三、隋唐时期铜镜的类型

新疆地区出土的隋唐时期铜镜有 30 余件，主要分布于哈密巴里坤、吐鲁番、昌吉州以及巴州等地，主要类型有瑞兽葡萄镜、瑞花镜、神仙人物故事镜、神兽镜和乳钉纹镜。

（一）瑞兽葡萄镜

此类铜镜有 16 件，有瑞兽葡萄镜和葡萄蔓枝镜两种类型。

1. 瑞兽葡萄镜

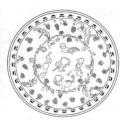

图 122

乌鲁木齐市文化馆征集，唐代。直径 9.5 厘米，厚 1 厘米，现藏新疆维吾尔自治区博物馆。伏兽钮。一周高凸弦纹将镜背纹饰分为内外两区：内区四只绕钮相向奔走的瑞兽，其间饰葡萄蔓枝叶实；外区葡萄蔓枝叶实间分布飞禽。云花纹缘。

图 123

乌鲁木齐市征集，唐代。直径 10 厘米，厚 0.7 厘米，现藏新疆维吾尔自治区博物馆。伏兽钮。一周高凸弦纹将镜背纹饰分为内外两区：内区四只绕钮相向奔走的瑞兽；外区分布飞禽。窄素缘。

图 124

1982 年米泉县采集，唐代。直径 10.4 厘米，现藏新疆维吾尔自治区博物馆。伏兽钮。一周高凸弦纹将镜背纹饰分为内外两区：内区四只绕钮相向奔走的瑞兽，其间饰葡萄蔓枝叶实；外区葡萄蔓枝叶实间分布飞禽。云花纹缘。

图 125

和静县乌拉斯台墓地出土，唐代。直径20厘米，现藏新疆文物考古研究所。伏兽钮。一周高凸弦纹将镜背纹饰分为内外两区：内区七只绕钮相向奔走的瑞兽，其间饰葡萄蔓枝叶实；外区葡萄蔓枝叶实间分布飞禽。云花纹缘。

图 126

1978年昌吉奇台县城征集，唐代。直径13.2厘米，现藏奇台县博物馆。伏兽钮。一周高凸弦纹将镜背纹饰分为内外两区：内区四只绕钮相向奔走的瑞兽，其间饰葡萄蔓枝叶实；外区葡萄蔓枝叶实间分布飞禽。云花纹缘。

2. 葡萄蔓枝镜

图 127

吐鲁番巴达木墓地二号台地 M223 出土，唐西州时期。直径 9.4 厘米，厚 0.4 厘米，现藏吐鲁番地区博物馆。圆形，圆钮。双凸弦纹将镜背面分为内外两区：内区饰葡萄、藤枝；外区为相互缠绕的藤枝纹，钮座旁饰连弧纹，弧纹内饰乳钉纹。

（二）瑞花镜

此类铜镜有 5 件，最小的直径只有 2.7 厘米，最大的直径 13 厘米，有葵花形镜、菱花形镜和花卉镜。

1. 葵花形镜

（1）葵花素镜

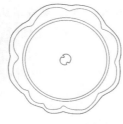

伊犁昭苏县阿克达拉乡征集，唐代。直径 10.7 厘米，现藏伊犁州博物馆。八瓣葵花形，圆钮，纹饰不清。

图 128

（2）四花枝镜

和田地区采集，唐代。直径 10 厘米，现藏和田地区博物馆。八瓣葵花形，圆钮，纹饰不清，凸素缘。

图 129

（3）葵花镜

奇台县博物馆征集，唐代。直径 13 厘米，现藏奇台县博物馆。八瓣葵花形，圆钮。一周凸弦纹将纹饰分为内外两区。内区纹饰不清，外区葵花瓣间饰祥云。

图 130

（4）葵口荷塘飞鸟纹镜

阜康市博物馆北庄子古城采集，唐代。直径 10.5 厘米，现藏阜康市博物馆。八瓣葵花形，圆钮。荷塘飞鸟纹，凸素缘。

图 131

2. 菱花形镜

（1）菱花形瑞兽鸾鸟镜

昌吉吉木萨尔北庭故城出土，唐代。直径 23 厘米，现藏新疆维吾尔自治区博物馆。八瓣菱花形，圆钮。一周凸弦纹将纹饰分为内外两区：内区饰飞禽花卉；外区纹饰不清，窄素缘。

图 132

（2）雀绕花枝镜

2007 年吐鲁番雅尔塘墓地 M2 出土，唐代。直径 10.75 厘米，现藏新疆文物考古研究所。菱花形。内区饰 4 只飞翔的鸟，外区饰花枝。

图 133

（3）菱花形仙人骑鹤纹镜

1989 年尉犁县托布协遗址采集，唐代。最大直径 10.9 厘米，厚 0.4 厘米，现藏巴州博物馆。菱花形，镜周有仙人骑鹤纹，外周连瓣纹内填草叶纹。

图 134

（4）小菱花镜

和田地区采集，唐代。直径
2.7厘米，现藏和田地区博物馆。
八瓣菱花形，桥形钮，一周凸弦
纹，素面。

图 135

3. 花卉镜

（1）菊花镜

尼勒克汤巴勒萨伊墓地出土，
唐代。现藏新疆文物考古研究所，
圆形，现残为三角形。花朵纹，
宽平缘。尖端有两个穿孔，曾作
饰件悬挂。

图 136

（2）莲花镜

1914 年 11 月，奥里尔·斯
坦因在阿斯塔那墓地发现（编
号：Ast. ix. 2. 03），唐代。原文：
木棺漆奁里有一面小银镜，背面
是浮雕的莲花，钮上残存深红色
丝线。①

图 137

---

① 奥雷尔·斯坦因：《亚洲腹地考古图记》，巫新华、秦立彦、龚国强、艾力江译，图版 LXXXIX。

(三) 神仙人物故事镜

仙人龟鹤纹镜

图 138

1986 年昌吉州玛纳斯楼南古城出土，唐代。直径 16.5 厘米，现藏玛纳斯县博物馆。圆形，镜背右一树下坐一仙人，左立一侍者，钮下有龟鹤、花草。

(四) 神兽镜

目前只发现 3 件，分别为四神镜、四神十二生肖镜和瑞兽铭带镜。

1. 四神镜

图 139

乌鲁木齐萨恩萨伊墓地 M144 出土，唐代。直径 8.4 厘米，厚 0.2 厘米，现藏新疆文物考古研究所。圆形，弓形钮，内区为内向十二连弧纹一周，外区四卧兽将镜背四等分，以一周凸弦纹相连，内外两区以一周凸弦纹相隔，两周凸弦纹间饰一周铭文，铭文字迹不辨，素窄凸缘。

2. 四神十二生肖镜

图 140

哈密拉甫却克墓地 M25 出土，唐代。直径 16.9 厘米，现藏新疆文物考古研究所。圆钮，圆形钮座。主区二周弦纹将纹饰分为内外两区：内区青龙、白虎、朱雀、玄武四神环钮排列；外区由双线分为 12 格，每个格内分别置鼠、牛、虎、兔、龙、蛇、马、羊、猴、鸡、狗、猪十二生肖。其外围一周饰三角锯齿纹，素宽缘。

3. 瑞兽铭带镜

图 141

吐鲁番市木纳尔墓地三号台地 M311 出土，麴氏高昌国晚期至唐西州早期。直径 9.5 厘米，现藏吐鲁番博物馆。圆形，圆钮。双凸弦纹将镜背纹饰分为内外两区，内区钮旁铸四兽追逐图案，外区一圈铸有"赏得秦王镜判不惜千金非囙欲照胆持是自明心" 20 个字。

（五）乳钉纹镜

图 142

伊犁海关征集，唐代。直径 12.9 厘米，现藏新疆维吾尔自治区博物馆。圆形，圆钮，圆座，仿汉代镜形制，钮座外围以双线方框，框外四边饰八乳钉及博局纹，外饰斜线纹一圈，边缘间饰勾连云气纹。素窄缘。

四、宋辽金元时期铜镜的类型

这一时期新疆发现的青铜镜有 40 余件，主要出自巴州、昌吉州和博州等地。主要类型有瑞鸟镜、缠枝花草镜、双鱼纹镜、神仙人物故事镜、铭文镜、双龙镜、乐器纹柄镜、动物纹镜等。

（一）瑞鸟镜

约有 10 件，分有柄和无柄，主要类型有凤纹镜、飞鸟葡萄纹镜、六鹤藤草纹镜等。

1. 凤纹镜

共有 5 件，分有柄和无柄，有双凤、三凤、四凤纹镜和团凤纹镜几种类型。

（1）双凤纹柄镜

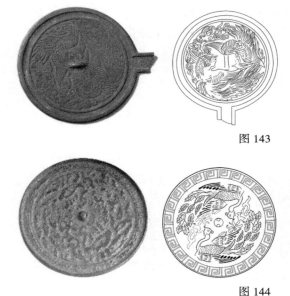

图 143

博乐市达勒特古城采集，宋代。直径 11 厘米，柄残长 1.6 厘米，现藏博州博物馆。圆形，带柄（柄残），平缘，桥形钮，镜背饰展翅飞翔的双凤。

乌拉泊古城采集，宋代。直径 9.7 厘米，现藏新疆维吾尔自治区博物馆。铸造，桥形钮，卷沿，有模糊的花卉纹图案。

图 144

（2）三凤纹镜

图 145

1973 年奇台县城征集，宋代。直径 9.5 厘米，现藏奇台县博物馆。圆形，圆钮，铜镜背面有三凤戏花图案，三只凤凰栩栩如生。

（3）四凤纹镜

巴里坤县征集，宋代。直径 13.2 厘米，现藏巴里坤县博物馆。圆形，圆钮，钮外向四方延伸四条连珠纹至镜缘，将镜分为四部分，四只凤凰飞舞其间。

图 146

（4）团凤纹柄镜

1973 年奇台县城征集，宋代。直径 11 厘米，通长 19.5 厘米，现藏奇台县博物馆。圆形，一端置长扁柄，铜镜背面模印团凤戏花图案。

图 147

2. 飞鸟葡萄纹镜

1995 年征集，宋辽时期。直径 9.4 厘米，现藏阿勒泰地区博物馆。圆形，桥形钮。钮外饰两圈凸弦纹，内区飞鸟、流云相间，外区为缠枝葡萄纹。窄素缘。

图 148

3. 六鹤藤草纹镜

1994 年伊宁县弓月城征集，元代。直径 20.6 厘米，现藏伊犁州博物馆。圆形，圆钮，镜背纹饰仙鹤和藤草。宽素缘。

图 149

（二）缠枝花草镜

共有 6 件，均为圆形，有缠枝纹镜、花卉纹镜等。

1. 缠枝纹镜

温泉县哈日布呼镇古城遗址采集，金代。直径 16.3 厘米，现藏博州博物馆。圆形，圆钮，花瓣座。座外饰一圈细凸弦纹和两圈连珠纹，夹饰缠枝纹和连珠纹。

图 150

阜康市白杨河墓地 M37 出土，宋代。直径 7 厘米，现藏新疆文物考古研究所。圆形，圆钮。两圈凸弦纹将镜背纹饰分为内、中、外三区。内区饰 8 组"S"形纹，中区饰缠枝花草纹，外区饰 13 组由正反倒置"6"成对组合的几何纹。

图 151

2. 花卉纹镜

共有4件，分别为四花纹镜、莲花纹镜、花草纹镜和花卉龟背纹镜。

（1）四花纹镜

1993年哈巴河县萨尔布拉克镇喀拉塔斯村征集，宋代。直径10.05厘米，现藏阿勒泰地区博物馆。圆形，圆钮。外饰两圈连珠纹，其间夹四朵花卉。窄素缘。

图 152

（2）莲花纹镜

1988年博乐市达勒特古城遗址采集，宋代。直径8.5厘米，现藏博州博物馆。圆形，小圆钮，莲瓣形钮座。边缘处饰凸弦纹一周，内向饰八连弧纹。

图 153

（3）花草纹镜

1981年木垒县博物馆东城乡废品收购站拣选，元代。直径8厘米，现藏木垒县博物馆。圆形，圆钮，圆钮座。外饰一圈花草纹。宽素缘。

图 154

（4）花卉龟背纹镜

1981年昌吉州木垒县英格堡乡菜子沟村征集，辽代。直径12.4厘米，现藏昌吉州博物馆。圆形，圆钮，镜背饰花卉及龟背纹图案，有大小两个正方形相套，并四角相连。

图155

（三）双鱼纹镜

现有3件，分无柄和有柄两种，分别为双鱼纹圆镜和双鱼纹柄镜。

1. 双鱼纹圆镜

1972年奇台县城征集，宋代。直径13.6厘米，现藏奇台县博物馆。铜镜背面饰有精美的鱼纹，鱼纹周围有水波纹饰。

图156

奇台县西地乡征集，金代。直径18厘米，现藏昌吉州博物馆。圆形平沿，中间桥形钮，铸一对首尾相接的鲤鱼。

图157

2. 双鱼纹柄镜

图 158

1995年和田地区策勒县达玛沟征集，宋代。直径9.9厘米，现藏和田地区博物馆。红铜铸造，圆形带柄，柄已残。桥形钮，缘较高，内有一圈凸纹，中为两鱼相向而游。

（四）神仙人物故事镜

共有10余件，分圆形和带柄两种，有仙人龟鹤纹柄镜、仙山宴乐柄镜、柳毅传书故事镜、仙女兽鹤纹柄镜、真子飞霜镜、带柄故事镜、许由巢父故事镜。

1. 仙人龟鹤纹柄镜

图 159

1990年阿勒泰市汗德尕特乡征集，辽代。通长17.9厘米，直径9.4厘米，柄长8.5厘米，现藏阿勒泰地区博物馆。圆形，一端置一长柄。镜背主纹饰为仙人立于中央，侍者立于其后，鹤飞于其上。柄边缘凸起。

图 160

巩留县城征集，金代。直径9.1厘米，缘厚0.4厘米，现藏伊犁州博物馆。圆形，有柄（残缺）。镜背中央树下坐一仙人，后立一侍者，钮下有龟鹤、花草。左上方有一太阳，一大雁在云中展翅飞翔。

图 161

1928 年 7 月沃尔克·贝格曼在若羌（车尔臣）发现（编号：K.13340），宋代。镜长18.1 厘米，直径 9.9 厘米。原文：K.13340带柄中国青铜镜，柄已断裂。一面有非常平的浮雕装饰：画面左侧，一人端坐树下，着多褶衣，头罩光环。树后有一卷云。画面右侧站立一人，手中持物。二人之间有一鹤（或苍鹭）一龟。环画面边缘饰两道凸起的线条，沿镜子边缘及柄有一凸边。镜长 18.1 厘米，直径 9.9 厘米。有带绿色斑点的红棕色铜锈。①

图 162

1941 年 1 月，奥里尔·斯坦因在吐鲁番阿斯塔那墓地发现，宋代。原文：Kao.Ⅲ.01铜镜。圆形，连着一个柄，一次浇铸而成。背面的边沿斜削过，边凹陷（无花纹），边内侧是不可辨认的图案，大概是风景。凹陷部分继续延伸到柄上，形成了柄上的凹槽。正面无花纹，做工粗糙。②

2. 仙山宴乐柄镜

图 163

1981 年木垒县东城镇废品收购站拣选，宋代。直径 11 厘米，带柄长 18.5 厘米，现藏昌吉州博物馆。圆形带柄，镜上方为仙山琼阁，镜中多位仙人宴饮，或站或坐。镜下部有一酒樽置于地，众仙随意取饮，怡然自乐。

---

① 沃尔克·贝格曼：《新疆考古记》，王安洪译，图版 P1.33：23。
② 奥雷尔·斯坦因：《亚洲腹地考古图记》，巫新华、秦立彦、龚国强、艾力江译，图版 LXXI。

3. 柳毅传书故事镜

图 164

1992 年昌吉州阜康市三工河西岸采集，辽代。直径 10 厘米，现藏昌吉州博物馆。圆形，桥形钮。钮上方饰一棵大树，树下二人作对话状，钮下一人牵马。

图 165

1990 年征集于哈巴河县库勒拜乡塔斯喀拉村，辽代。直径9.4厘米，现藏阿勒泰地区博物馆。圆形，钮残缺。钮上方饰一棵大树，树下二人作对话状，钮下一人牵马。

4. 仙女兽鹤纹柄镜

图 166

1991 年奇台县城征集，宋辽时期。通长 15.2 厘米，圆形带柄，镜背上方仙鹤飞翔，左侧树下仙女用团扇柄斜下指，柄下一兽伏于地，兽后一童躬立，柄端有一小鹿。

5. 真子飞霜镜

图 167

木垒县新户古城出土，西辽。直径 21 厘米，现藏木垒县博物馆。八瓣葵花形，龟钮。钮下方饰莲池假山，池中长出一荷叶作为钮座。左侧一人抚琴，右侧一鸾鸟立于祥云之上，钮上方饰田字格，格内竖排铭文"真子飞霜"，再上为云山托日。

6. 带柄故事镜

图 168

博乐市达勒特古城出土，宋代。通长 13.9 厘米，直径 9.9 厘米，现藏博州博物馆。圆形带柄，镜上方有一棵结满果实的大树。树下三人中，一人作双手上举状、二人作跪揖状，左边图案无法辨认。

图 169

1914 年 11 月，奥里尔·斯坦因在吐鲁番阿斯塔那墓地发现，宋代。原文：Kao. Ⅲ.02 圆形铜镜。有柄，一次浇铸而成。正面无花纹。背面有凸起的花纹，表现的是一个行吟歌手在演奏一件打击乐器，可能同时还在跳舞。三个男孩在听他演奏，其中一个男孩在前景中，趴在地上，他前面有一串铜钱。右边有棵苹果树（或橘子树），硕果累累。前景中有花，天空中有云。[1]

---

[1] 奥雷尔·斯坦因：《亚洲腹地考古图记》，巫新华、秦立彦、龚国强、艾力江译，图版 LXXI。

图 170

1914 年 11 月，奥里尔·斯坦因在吐鲁番喀拉霍加购得（编号：Kao.01），宋代。原文：Kao.01 圆形青铜镜。边如扇贝，一侧有柄，是浇铸而成的。正面空白，背面有一条凸起的平边，中央是很低的浮雕，雕着水上的鸭子，还有岸和花。跟柄相连的地方是个饰板，状如半开的莲花，柄成为莲花的茎，保存完好。[①]

7. 许由巢父故事镜

图 171

征集，宋辽时期。直径 11.2 厘米，现藏布尔津县博物馆。圆形，圆钮。钮上方山峦起伏，房屋隐现，山上山下点缀树木。钮下方图案模糊，似溪边许由蹲坐洗耳，巢父牵牛而立。

（五）铭文镜

共有 4 件，均为圆形，为记名号铭文镜和九叠篆"龟鹤灵寿"铭文镜。

---

① 奥雷尔·斯坦因：《亚洲腹地考古图记》，巫新华、秦立彦、龚国强、艾力江译，图版 LXXI。

1. 记名号铭文镜

(1)"长安五家"铭文镜

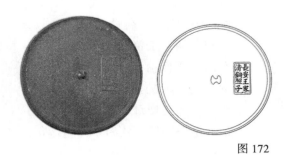

图 172

1988 年博州达勒特乡古城遗址采集，宋代。直径 12.5 厘米，现藏博州博物馆。圆形，桥形钮。钮右侧长方形框内竖饰两行八字铭文"长安五家清铜照子"，窄素缘。

(2)"湖州石念二叔"铭文葵花镜

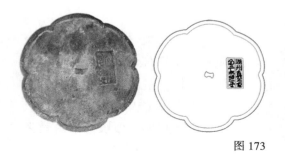

图 173

1988 年博乐市达勒特古城遗址采集，宋代。直径 13.1 厘米，现藏博州博物馆。六瓣葵花形，桥形钮。钮右侧长方形框内竖饰两行十字铭文"湖州真石家念二叔照子"，窄素缘。

图 174

2012 年奇台县征集，宋代。直径 12.5 厘米，现藏玛纳斯县博物馆。六瓣葵花形，桥形钮。钮左侧长方形框内竖饰两行十字铭文"湖州真石家念二叔照子"，窄素缘。

2. 九叠篆"龟鹤灵寿"铭文镜

图 175

1914 年 11 月，奥里尔·斯坦因在吐鲁番喀拉霍加购得（编号：Kao.034），宋代。原文：kao.034 圆形青铜镜。边凸起，中间的凸饰上穿了孔，以便穿绳子，边和凸饰之间凹陷的地方镌着 4 个汉字，排列成十字形，粗糙地浇铸而成。①

（六）双龙镜

图 176

1981 年木垒县新户破城子出土，金代。直径 16.5 厘米，现藏昌吉州博物馆。圆形，圆钮。主纹饰一上一下双龙对峙，宽素缘。

（七）乐器纹柄镜

图 177

2006 年阿勒泰地区福海县征集，辽代。通长 14.5 厘米，直径 7.8 厘米，现藏阿勒泰地区博物馆。圆形，一端置柄，柄已残。镜背饰满各种乐器，窄素缘。

① 奥雷尔·斯坦因：《亚洲腹地考古图记》，巫新华、秦立彦、龚国强、艾力江译，图版 LXXI。

（八）动物纹镜

共有 3 件，分别为十二生肖镜、猴纹镜和犀牛望月镜。

1. 十二生肖镜

图 178

和田地区策勒县达玛沟征集，宋代。直径 7.6 厘米，厚 0.4 厘米，现藏和田地区博物馆。圆形，桥形钮，圆钮座。内区以顺时针书写汉字"子、丑、寅、卯、辰、巳、午、未、申、酉、戌、亥"十二地支，外区装饰与内区相对应的生肖图案。

2. 猴纹镜

图 179

伊犁州新源县文博院征集，元代。直径 12.5 厘米，现藏新源县博物馆。圆形，桥形钮，八角形钮座。座外饰一圈凸弦纹，与镜缘间饰一圈缠枝纹，镜缘外一圈是 10 只首尾相连的猴子。

3. 犀牛望月镜

图 180

1990 年哈巴河县库勒拜镇塔斯喀拉村征集，元代。通长 12.8 厘米，直径 9.2 厘米，现藏阿勒泰地区博物馆。圆形，边缘稍残，一端置柄，柄残缺。镜背有两头犀牛抬头遥望远方。

五、明清时期铜镜的类型

这一时期新疆出土的铜镜数量不多，主要以征集为主。有瑞兽纹镜、文字镜、人物故事镜和钟形铜镜等。

（一）瑞兽纹镜

有麒麟纹菱形镜、海兽纹镜和龙凤纹镜。

1. 麒麟纹菱形镜

图 181

2010 年木垒县博物馆征集，明代。边长 5.5 厘米，现藏木垒县博物馆。菱形，圆钮。钮上下饰麒麟一对，左右各饰花卉一枝。

2. 海兽纹镜

图 182

1973 年征集，明代。直径 10 厘米，现藏新疆维吾尔自治区博物馆。圆形，圆钮，圆形钮座。座外饰一圈海兽，其外一圈短线射线纹、一圈三角锯齿纹、一圈水波纹。素缘。

3. 龙凤纹镜

图183

1973年征集，明代。直径13厘米，现藏新疆维吾尔自治区博物馆。圆形，圆钮。钮左右饰双龙对峙，钮上双龙头间饰一火珠，钮下饰一丛花卉。

图184

1973年乌鲁木齐废品收购站征集，明代。直径12.5厘米，现藏新疆维吾尔自治区博物馆。圆形，圆钮。钮左右饰双龙对峙，钮上双龙头间饰一火珠，钮下饰一丛花卉。

图185

1973年征集，明代。直径10.7厘米，现藏新疆维吾尔自治区博物馆。圆形，三山钮，素缘。钮右有一龙飞腾于云中，龙首在钮下，身躯蜿蜒盘曲而上，前肢伸张，左右肢与尾相缠。龙首前有一如意云头，云雾缭绕，弧线地纹隐现以表海水翻滚。钮左侧有款"洪武二十二正月日造"篆书铭文。

2008 年二十里店征集，明代。直径 9.3 厘米，现藏呼图壁县博物馆。圆形，圆钮。钮旁有龙凤环绕。

图 186

（二）文字镜

有"状元及第""百寿团圆""金榜题名""金玉满堂""长命富贵""五子登科"等文字镜。

1. "状元及第" 镜

玛纳斯县博物馆征集，明代。直径 12 厘米，现藏玛纳斯县博物馆。圆形，圆钮。镜背四个方框，"状元及第"四字按上、下、右、左排在框内。

图 187

木垒县征集，清代。直径 12.85 厘米，现藏木垒县博物馆。圆形，圆钮。镜背四个方框，"状元及第"四字按上、下、右、左排在框内。

图 188

1981 年木垒县征集，清代。直径 12.4 厘米，现藏木垒县博物馆。圆形，圆钮。镜背四个方框，"状元及第"四字按上、下、右、左排在框内。

图 189

2. "百寿团圆" 镜

征集，明代。直径 24 厘米，现藏新疆维吾尔自治区博物馆。圆形，圆钮。镜背四个方框，"百寿团圆" 四字按上、下、右、左排在框内，字间饰以花卉。

图 190

3. "金榜题名" 镜

1973 年乌鲁木齐废品站征集，明代。直径 24.5 厘米，现藏新疆维吾尔自治区博物馆。圆形，圆钮。镜背四个方框，"金榜题名" 四字按上、下、右、左排在框内，字间饰以花卉。

图 191

4. "金玉满堂" 镜

2016 年昌吉州博物馆征集，清代。直径 8.9 厘米，现藏昌吉州博物馆。圆形，圆钮。镜背四个方框，"金玉满堂" 四字按上、下、右、左排在框内。

图 192

5. "长命富贵" 镜

1989 年阜康县征集，清代。直径 9.3 厘米，宽 0.58 厘米，现藏阜康县博物馆。圆形，圆钮。镜背四个方框，"长命富贵" 四字按下、上、右、左排在框内。

图 193

6.“五子登科”镜

图 194

1992 年木垒县征集，清代。直径 11.55 厘米，现藏木垒县博物馆。圆形，圆钮。镜背四个方框，“五子登科”四字按上、下、右、左排在框内。

（三）人物故事镜

有仙鹤人物多宝镜、许由巢文故事镜等。

1. 仙鹤人物多宝镜

图 195

1973 年征集，明代。直径 11.6 厘米，现藏新疆维吾尔自治区博物馆。圆形，银锭形钮。钮周围为持宝人物和宝物，上端为一飞翔状仙鹤。

2. 许由巢父故事镜

图 196

察布查尔县征集，明代。直径 11 厘米，长 20.5 厘米，现藏伊犁州博物馆。圆形，一端置一长柄。镜背上方饰树木，下方一条小河。上游河边坐着一人，右手抬至耳边，下游处一人牵牛，此即许由、巢父的故事。

（四）钟形铜镜

图 197

乌鲁木齐市征集，清代。长 13.3 厘米，宽 8.9 厘米，现藏新疆维吾尔自治区博物馆。外形为钟形，无钮，素缘。

附　录

一、新疆地区出土、采集、征集铜镜一览表

序号	名称	时代	出土地点	发现时间及来源	数量	完残情况	尺寸	器物描述	资料来源	备注
1	无孔柄镜	春秋战国时期	乌鲁木齐阿拉沟古东风机械厂墓地	1976—1978年发掘出土	1	完整	直径6~7厘米	素面带柄	张玉忠:《天山阿拉沟考古考察与研究》,《西北史地》1987年第3期	
2	有孔柄镜	战国—西汉时期	乌鲁木齐乌拉泊古墓葬	1983年、1984年发掘出土	2	完整	不详	圆镜带一短柄、柄的末端有一小孔,当为系绳悬挂之用	新疆考古研究所:《乌鲁木齐乌拉泊古墓葬发掘研究》,《新疆社会科学》1986年第1期;《新疆文物考古新收获》第323-329页	
3	残镜	西汉时期	乌鲁木齐乌拉泊古墓葬	1983年、1984年发掘出土	1	残	不详	仅存1/4,镜面似有花纹	同上	锈蚀严重,纹饰不清
4	残镜	春秋—汉时期	乌鲁木齐板房沟乡	1990年6月采集	1	残	残长7.3厘米、宽6厘米、厚0.3厘米	仅测一半、镜缘一处稍凸,上有两小孔,内有铁质,似为铆钉	乌鲁木齐文物管理所:《乌鲁木齐板房沟新发现的两批铜器》,《新疆文物》1990年第4期;《乌鲁木齐板房沟新发现的两批铜器》,《新疆文物考古新收获(续)》1990—1996》,新疆美术摄影出版社,1997,第437-439页	

序号	名称	时代	出土地点	发现时间及来源	数量	完残情况	尺寸	器物描述	资料来源	备注
5	有孔柄镜	早期铁器时代	乌鲁木齐柴窝堡古墓葬 M1	1991 年 8 月发掘出土	1	完整	镜面直径 7.7 厘米、厚 0.2 厘米，柄长 3.3 厘米，宽 3 厘米	M1a: 1，镜面圆形，有一柄与镜面连为一体，柄中部镂空、柄端发现残留皮条痕	新疆文物考古研究所、西北大学文博学院八九级考古班：《乌鲁木齐柴窝堡古墓葬发掘报告》，《新疆文物》1998 年第 1 期	
6	放射纹镜	青铜时代晚期	乌鲁木齐萨恩萨伊墓地 M113	2006—2008 年发掘出土	1	完整	直径 11.3 厘米、厚 0.3 厘米	圆形、弓形钮，扁平穿孔，无钮座。镜钮外围饰两周凸弦纹，从镜钮根部向镜缘四周饰放射状细线段纹	新疆文物考古研究所：《萨恩萨伊墓地》，文物出版社，2013，第 108~109 页	
7	平缘素面镜	早期铁器时代	乌鲁木齐萨恩萨伊墓地 M82	2006—2008 年发掘出土	1	完整	直径 10.9 厘米、厚 0.1 厘米	圆形、素面	同上书，第 84~85 页	
8	四神文字镜	唐代	乌鲁木齐萨恩萨伊墓地 M144	2006—2008 年发掘出土	1	完整	直径 8.4 厘米、厚 0.2 厘米	圆形、弓形钮，内区为内向十二连弧纹一周，外区四卧兽将镜背四等分，以一周凸弦纹相连。内外两区以一周凸弦纹相隔，两周凸弦纹间饰一周铭文，铭文逐不辨，素面窄边缘	同上书，第 132~133 页	
9	折缘镜	青铜时代晚期	乌鲁木齐萨恩萨伊墓地 M106	2006—2008 年发掘出土	1	完整	直径 9.6 厘米、厚 0.2 厘米	折缘、圆形，弓形钮，无钮座、素面	同上书，第 105~106 页	
10	折缘镜	青铜时代晚期	乌鲁木齐萨恩萨伊墓地 M89	2006—2008 年发掘出土	1	残	直径 14.3 厘米、厚 0.1 厘米	折缘、残损，圆形，弓形钮，素面，无钮座、窄平四连弧纹缘	同上书，第 92~93 页	
11	凤纹镜	宋代	乌鲁木齐乌拉泊古城	采集	1	完整	直径 9.7 厘米	圆形、桥形钮，卷沿，有模制的花卉纹图案	馆藏	
12	四乳神兽镜	明代	乌鲁木齐	2018 年李果捐赠	1	完整	直径 6 厘米，厚 1.5 厘米	不详	馆藏	

序号	名称	时代	出土地点	发现时间及来源	数量	完整情况	尺寸	器物描述	资料来源	备注
13	带婆龙纹号镜	宋代	乌鲁木齐	征集	1	完整	直径约7厘米	圆形，圆钮，圆钮座。外饰两圈弦纹。弦纹间饰婆龙，镜右侧有一长方形框，框里方有铭文"张小山造"	新疆维吾尔自治区博物馆展出	
14	树下人物故事镜	宋代	乌鲁木齐	征集	1	完整	直径约9厘米	圆形，圆钮，钮上方有一棵大树，模糊不清	新疆维吾尔自治区博物馆展出	
15	八瓣菱花形八卦镜	宋代	乌鲁木齐	征集	1	完整	直径16厘米	八瓣菱花形，圆钮座，镜边缘有一圈连珠纹，与钮座间饰纹饰，模糊不清	新疆维吾尔自治区博物馆展出	
16	连弧纹镜	魏晋南北朝时期	吐鲁番阿斯塔那201号墓	1972—1973年发掘出土	1	完整	直径5.8厘米，厚0.2厘米	72TAM201:35，圆形，圆钮，圆钮座。座外饰内向八连弧纹一圈，宽素缘，钮有红绢	新疆文物考古研究所：《阿斯塔纳古墓群第十次发掘简报》，《新疆文物》2000年第3-4期第138页	
17	铜镜	魏晋南北朝时期	吐鲁番阿斯塔那148号墓	1972发掘出土	1	完成	直径12.5厘米	72TAM148：30，钮有红绢	新疆文物考古研究所：《阿斯塔纳古墓群第十次发掘简报》，《新疆文物》2000年第3-4期P138页	
18	雀绕花枝镜	清代	吐鲁番雅尔塘墓地M2	2007年4月发掘出土	1	完整	直径10.75厘米	外形为菱花形，圆钮，内区饰4只飞翔的鸟，外区饰花枝	新疆文物考古研究所、吐鲁番地区文物局：《吐鲁番雅尔塘墓地考古发掘简报》，《新疆文物》2009年第2期，第13页	
19	平缘素面镜	汉代	吐鲁番艾丁湖古墓葬	1980年发掘出土	1	基本完整	直径7厘米	素面，已薄，很薄，镜边缘一处有3个小牙孔，或系护以穿系之用，铜镜残块1件，仅存边缘一小块	新疆维吾尔自治区博物馆、吐鲁番地区文管所：《吐鲁番艾丁湖古墓葬》，《考古》1982年第4期；《新疆考古新收获（1979—1989）》，新疆人民出版社，第312-320页	

序号	名称	时代	出土地点	发现时间及来源	数量	完残情况	尺寸	器物描述	资料来源	备注
20	残镜	汉代	吐鲁番艾丁湖古墓葬	1980 年发掘出土	1	残	残块边缘厚 0.8 厘米	仅存圆形镜边缘的一小块，青铜质，断面分作三层，中间一层厚 0.4 厘米，镜背有弧形的两段属于镜边缘上的宽楞，最宽的 0.4 厘米，楞上似有纹饰，锈残难辨	新疆维吾尔自治区博物馆、吐鲁番地区文管所：《吐鲁番艾丁湖古墓葬》，《考古》1982 年第 4 期；《新疆文物考古新收获（1979—1989）》，新疆人民出版社，第 312—320 页	
21	平缘素面镜	战国—西汉时期	吐鲁番艾丁湖潘坎	1989 年发掘出土	1	完整	直径 5.4 厘米，厚 0.1 厘米	素面，薄平无纹饰，边缘有两个并列小孔，孔径 0.3 厘米，供系用，可能为护心镜类	柳洪亮：《吐鲁番艾丁湖潘坎出土的虎叼羊纹饰牌》，《新疆文物》1992 年第 2 期	
22	铁柄镜	汉代	吐鲁番交河沟北一号墓地 10 号墓	1993 年、1994 年发掘出土	1	完整	镜直径 7.35～8.15 厘米，厚 0.1～0.05 厘米，柄长 7.3 厘米，宽 2.85 厘米，厚 0.45 厘米	镜为圆形，有长圆竖柄，柄为铁质。镜与柄焊接处，镜边直	联合国教科文组织驻中国代表处、新疆文物事业管理局、新疆文物考古研究所：《交河故城——1993、1994 年度考古发掘报告》，东方出版社，1998，第 62 页；新疆考古研究所：《吐鲁番交河故城沟北一号台地墓葬发掘报告》，《文物》1999 年第 6 期	
23	曲柄镜	汉代	吐鲁番交河沟北一号墓地 16 号墓	1993 年、1994 年发掘出土	1	完整	镜直径 6.2 厘米，厚 0.2 厘米，柄长 5.2 厘米，厚 0.5 厘米	镜呈圆形，"S"形曲柄，焊接在镜面边沿一头略呈马鞍形铜片上，柄的背面有一道略呈半月形凹状饰，中有圆形系孔	联合国教科文组织驻中国代表处、新疆文物事业管理局、新疆文物考古研究所：《交河故城——1993、1994 年度考古发掘报告》，东方出版社，1998，第 62 页；新疆考古研究所：《吐鲁番交河故城沟北一号台地墓葬发掘报告》，《文物》1999 年第 6 期；新疆维吾尔自治区文管局、新疆维吾尔自治区文物考古研究所、新疆维吾尔	

序号	名称	时代	出土地点	发现时间及来源	数量	完残情况	尺寸	器物描述	资料来源	备注
24	带柄镜	汉代	吐鲁番交河沟北墓地	1994年发掘出土	1	柄残缺	直径7.3~8.1厘米，厚0.1厘米	镜面圆形，柄残缺	自治区博物馆、新疆美术摄影出版社编《新疆历史文明集粹》，新疆美术摄影出版社，2009，第115页	
25	星云纹铜镜	东汉时期	吐鲁番交河沟西M1	1994—1996年发掘出土	1	残	复原直径11厘米	残存1/4，铜质、铸造。圆钮，钮座由8枚乳钉与曲线一周为曲线和4瓣相连。座外一周为内向16连弧纹圈带及短斜线纹，向外一周为内向16连弧纹圈带及短斜线纹。在短斜线纹及两周浓线之间，有4枚圆座乳相间的4组星云纹，每组有6枚小乳与卷曲的云纹相连，向内16连弧纹镜缘	新疆文物考古研究所：《交河沟西——1994—1996年度考古发掘报告》，新疆人民出版社，2001，第9页	
26	葡萄纹镜	唐西州时期	吐鲁番巴达木墓地M223	2004年10月发掘出土	1	完整	直径9.4厘米，厚0.4厘米	圆形，圆钮。双凸弦纹将镜背面分为内外两区，内区饰葡萄、藤枝，外区互相缠绕的藤枝纹，钮座旁饰连弧纹、弧纹内饰乳钉纹	吐鲁番地区文物局：《新疆吐鲁番地区巴达木基地发掘简报》，《考古》2006年第12期；《吐鲁番文物精粹》，上海辞书出版社，2006，第123页，吐鲁番市文物局、吐鲁番博物馆；吐鲁番研究院《吐鲁番晋唐墓地交河沟西、木纳尔、巴达木发掘报告》，文物出版社，2019，第247页	

序号	名称	时代	出土地点	发现时间及来源	数量	完残情况	尺寸	器物描述	资料来源	备注
27	瑞兽铭带纹镜	麹氏高昌国时代晚期—唐西州早期	吐鲁番木纳尔墓地M311	2004—2005年发掘出土	1	完整	直径9.5厘米，厚0.74厘米	圆形，圆钮，双凸弦纹，将镜面分为内外两区，内区钮周围有四兽追逐图，外区有"赏得秦王镜判不借千金非照胆持是自明心"20个字	吐鲁番地区文物局：《新疆吐鲁番地区木纳尔墓地的发掘》，《考古》2006年第12期；《吐鲁番文物精粹》，上海辞书出版社，2006，第123页；吐鲁番市文物局，吐鲁番学研究院，吐鲁番博物馆：《吐鲁番晋唐墓地——交河沟西、木纳尔、巴达木发掘报告》，文物出版社，2019，第130页	
28	木框嵌镜	西汉时期	吐鲁番胜金店墓地	2007年发掘出土	1	残	长10.5厘米，镜框径4.4厘米，厚0.4厘米	三角形铜钮，其背有钮，穿以皮绳，镶嵌在一个带木框中，镜面用六个小木钉制而成，木框为圆木削而成，由镜框和柄组成，镜框为圆形。柄上粗下细，端部削刻出一个桃形	馆藏	
29	几何纹镜	青铜时代—早期铁器时代	吐鲁番加依墓地	2013年12月—2014年1月发掘出土	1	完整	直径6.8厘米	圆形，背面呈几何纹，略似五角星，桥形钮，有廓	吐鲁番学研究院新疆文物考古研究所：《吐鲁番加依墓地发掘简报》，《吐鲁番学研究》2014年第1期，第1—19页	
30	平缘素面镜	青铜时代	吐鲁番鄯善洋海墓地	1987年收缴	1	稍残	直径7厘米，厚0.1~0.2厘米	铸制，呈圆饼状，面微凸，背无纹饰，桥形钮	吐鲁番市文物局，新疆文物考古研究所，吐鲁番博物馆：《新疆文物》，吐鲁番学研究院，吐鲁番博物馆：《新疆吐鲁番洋海墓地》，文物出版社，2019	
31	有孔柄镜	青铜时代	吐鲁番鄯善洋海墓地M99	1988年发掘出土	1	完整	直径11.5厘米，底径12.4厘米，厚0.3厘米，通长15.5厘米	薄片状，圆形带柄，柄上有圆形孔	吐鲁番市文物局，新疆文物考古研究院，吐鲁番博物馆：《新疆吐鲁番洋海墓地》，文物出版社，2019；	

序号	名称	时代	出土地点	发现时间及来源	数量	完残情况	尺寸	器物描述	资料来源	备注
32	平缘素面镜	战国—西汉时期	吐鲁番鄯善县贝希墓群三号墓地 M17	1991 年发掘出土	1	微残	厚 0.1 厘米，直径 9.3 厘米		新疆文物考古研究所，达浪海吐东古墓群清理简报，《鄯善古墓葬盗案中部分文物之介绍》，《新疆文物》1989 年第 4 期；《新疆考古新收获（1979—1989），新疆人民出版社，第 186—193 页	
33	有孔柄镜	汉代	吐鲁番鄯善县洋海墓地	2003 年发掘出土	1	完整	直径 2.2 厘米	圆形带柄，薄铜片压制而成，呈葫芦形，上有穿孔	新疆文物考古研究所，吐鲁番学研究院，吐鲁番博物馆：《新疆洋海墓地》，文物出版社，2019	
34	平缘素面镜	早期铁器时代	哈密焉不拉克墓 M12	1958 年发掘出土	3	完整	9 径 6.1 厘米；10 径 5.7 厘米；11 径 7.8 厘米	红铜质，圆形，背有小钮。作蚊鼻形，镜面精隆起，无花纹，全身满披绿锈	黄文弼：《新疆考古发掘报告（1957—1958）》，文物出版社，1983，第 1—8 页	
35	平缘素面镜	早期铁器时代	哈密焉不拉克墓	1986 年 4—5 月发掘出土	3	完整	64.3，直径 6.7 厘米，厚 0.2 厘米；64：3，桥形钮；45：3，直径 4.5 厘米，厚 0.1 厘米	素面镜 3 面，均较小，背有一钮。64：3，圆形，桥形钮；45：3，矩形钮	新疆维吾尔自治区文化厅文物处、新疆大学历史系文博干部专修班：《新疆哈密焉不拉克墓地发掘报告》，《考古学报》1989 年第 3 期；《新疆考古新收获（1979—1989）》页，第 52—87 页，新疆人民出版社，新疆维吾尔自治区文物事业管理局、新疆维吾尔自治区考古研究	

序号	名称	时代	出土地点	发现时间及来源	数量	完残情况	尺寸	器物描述	资料来源	备注
36	折缘镜	早期铁器时代	哈密焉不拉克墓	1986年4—5月发掘出土	1	完整	直径9.4厘米，厚0.2厘米	圆形、折缘、素面、卷沿、桥形钮	所、新疆维吾尔自治区博物馆、新疆美术摄影出版社编《新疆历史文明集粹》，2009，第34页；哈密博物馆:《哈密文物精粹》，科学出版社，2013，第145页	
37	无孔柄镜	青铜时代	哈密五堡墓地	1978年发掘出土	1	完整	通长15.3厘米，直径8.5~9.5厘米，柄长6厘米，宽1.9厘米	柄部上端铸有高1厘米的桥形钮，并系有较宽的皮带，在镜面背部残留有毛织镜袋的痕迹	新疆维吾尔自治区文物局编《丝路魂宝——新疆馆藏文物精品图录》，2011，第168页；哈密博物馆:《哈密文物精粹》，科学出版社，2013，第57页	
38	平缘素面镜	青铜时代	哈密天山北路墓地	1988—1997年发掘出土	1	完整	直径8.3厘米	圆形、素面、桥形钮	哈密博物馆:《哈密文物精粹》，2013，第89页	
39	平缘素面镜	青铜时代	哈密天山北路墓地	1988—1997年发掘出土	1	完整	直径11厘米	圆形、素面、桥形钮	哈密地区博物馆展厅	
40	放射纹镜	青铜时代	哈密天山北路墓地	1988—1997年发掘出土	1	完整	直径8.8厘米	圆形、桥形钮、放射状纹饰	哈密博物馆:《哈密文物精粹》，2013，第89页	
41	放射纹镜	青铜时代	哈密天山北路墓地	1988—1997年发掘出土	1	完整	直径7.4厘米	圆形、桥形钮、放射状纹饰	同上书，第36页	
42	放射纹镜	青铜时代	哈密天山北路墓地	1988—1997年发掘出土	1	完整	直径7.3厘米	圆形、桥形钮、放射状纹饰	哈密博物馆展厅	
43	人面纹镜	青铜时代	哈密天山北路墓地483号墓	1988—1997年发掘出土	1	完整	直径7.8厘米，厚0.3厘米	圆形、背饰人面、人鼻为钮、周饰放射状短直线	新疆维吾尔自治区文物局编《丝路魂宝——新疆馆藏文物精品图录》，新疆人民出版社	

序号	名称	时代	出土地点	发现时间及来源	数量	完残情况	尺寸	器物描述	资料来源	备注
44	平缘素面镜	青铜时代	哈密天山北路墓地	1988—1997年发掘出土	1	完整	直径 7.4～7.8 厘米	圆形，素面，桥形钮	2011，第 240 页；哈密博物馆：《哈密文物精粹》，科学出版社，2013，第 107 页	
	平缘素面镜	青铜时代	哈密天山北路墓地	1988—1997年发掘出土	1	完整	直径 5.5 厘米	圆形，素面，桥形钮	哈密博物馆：《哈密文物精粹》，科学出版社，2013，第 36 页	
	平缘素面镜	青铜时代	哈密天山北路墓地	1988—1997年发掘出土	1	完整	直径 7.6 厘米	圆形，素面，桥形钮	同上书，第 36 页	
	平缘素面镜	青铜时代	哈密天山北路墓地	1988—1997年发掘出土	2	完整	直径 7.5 厘米	圆形，素面，桥形钮	馆藏	
45	平缘素面镜	青铜时代	哈密天山北路墓地	1988—1997年发掘出土	1	完整	8.7 厘米×8.5 厘米	圆形，素面，桥形钮	哈密博物馆展厅	
	平缘素面镜	青铜时代	哈密天山北路墓地	1988—1997年发掘出土	1	完整	8～8.6 厘米	圆形，素面，桥形钮	馆藏	
	平缘素面镜	青铜时代	哈密天山北路墓地	1988—1997年发掘出土	2	完整	9.4 厘米	圆形，素面，桥形钮，其中1件边缘略残	馆藏	
	平缘素面镜	青铜时代	哈密天山北路墓地	1988—1997年发掘出土	1	完整	8～8.6 厘米	圆形，素面，桥形钮	馆藏	
46	无孔柄镜	青铜时代	哈密天山北路墓地	1988—1997年发掘出土	1	完整	通长 11 厘米，直径 7.2 厘米	圆形，素面，桥形钮	哈密博物馆展厅	
47	残镜	战国时期	哈密黄田上庙尔沟村 1 号墓地	1996 年 7 月发掘出土	1	残	最大径 4.7 厘米，复原直径 8.5 厘米	只存约 1/4，背面周缘有一圈细凸弦纹，镜面精凸鼓，镜背凹	新疆文物考古研究所，哈密地区文物管理所：《1996 年哈密黄田上庙尔沟村 1 号墓地发掘简报》，《新疆文物》2004 年第 2 期	
48	兽纹柄镜	早期铁器时代	哈密艾斯克霞尔南墓地 M117	2010 年 11 月发掘出土	1	完整	通长 9 厘米，直径 6.5 厘米	圆形，一端置柄，柄为 2 只低头相对的动物	新疆维吾尔自治区博物馆展厅展出	

序号	名称	时代	出土地点	发现时间及来源	数量	完残情况	尺寸	器物描述	资料来源	备注
49	三虎纹镜	汉代	哈密拉甫却克墓地M35	2019年9—12月、2020年6—7月发掘出土	1	完整	直径11厘米，厚1.2厘米	圆钮、圆形钮座。座外三饰商浮雕三虎，其外三周凸弦纹同依次饰两周短线纹和一周水波纹，窄素缘	王永强：《唐纳职城寻踪——哈密市拉甫却克墓地考古记》，《文物天地》2021年第361期，第112—117页	
50	四神十二生肖镜	唐代	哈密拉甫却克墓地M25	2019年9—12月、2020年6—7月发掘出土	1	完整	直径16.9厘米，厚1.2厘米	圆钮、圆形钮座。主区两周凸弦纹将纹饰分为内外两区。内区青龙、白虎、朱雀、玄武四神环钮排列，外圈由双线分为十二格，每个格内分别置十二生肖鼠、牛、虎、兔、龙、蛇、马、羊、猴、鸡、狗、猪第十二生肖。其外围一周锯齿纹，素宽缘	同上	
51	"长毋相忘，既长相思"铭文镜	东汉时期	哈密五堡亚尔墓地	2013年发掘出土	1	完整	直径10厘米	圆形、弓形钮，钮座外饰一大方框与方框间有铭文"长毋相思"8个字，大方框四角有一乳钉，大方框每边的正中各出一草叶纹	馆藏	
52	平缘素面镜	东汉时期	哈密五堡亚尔墓地	2013年发掘出土	1	完整	直径5.4~5.8厘米	圆形、素面、桥形钮	馆藏	
53	平缘素面铜镜	青铜时代	哈密巴里坤县南湾墓地M36	1981—1982年发掘出土	1	完整	直径9.5厘米，钮宽不足6厘米	圆形铜镜，钮作弓形	羊毅勇：《新疆的铜石并用文化》，《新疆文物》1985年第1期；贺新：《巴里坤南湾M16号墓清理简报》，《新疆社会科学研究》1987年第16期	

序号	名称	时代	出土地点	发现时间及来源	数量	完残情况	尺寸	器物描述	资料来源	备注
54	平缘素面镜	青铜时代	哈密巴里坤县南湾墓地 M3	1981—1982年发掘出土	1	完整	直径8厘米，钮宽5.5厘米	一件出自M3，一件出自M16。镜面微凹，厚0.1厘米，出自背架镜装在衣内，胸部	羊毅勇：《新疆出土的铜石并用文化》，《新疆文物》1985年第1期；贺新：《巴里坤南湾M16号墓清理简报》，《新疆社会科学研究》1987年第16期	
55	平缘素面镜	青铜时代	哈密巴里坤县南湾墓地 M16	1981—1982年发掘出土	1	完整	直径10.6厘米，厚0.1厘米	镜面微凹，镜装在衣内，出自背架胸部	同上	
56	不详	唐代	哈密巴里坤大河古城	1985年11月发掘出土	1	不详	不详	不详	哈密地区文管所：《巴里坤大河古城调查》，《新疆文物》1987年第3期；《新疆文物考古新收获》，第540—543页	
57	四凤纹镜	宋代	哈密巴里坤县大红柳峡乡沙沟古墓	1988年发掘出土	1	完整	长1.4厘米，宽1厘米，折沿宽0.8厘米	中心有一桥形钮一周有沿折向内。镜边沿有一周椭圆形小凸点。通过铜镜中心钮有"X"形斜线，将镜面分为4部分，每一部分分别有展翅高飞的4只凤和云朵组成的图案	新疆维吾尔自治区文物普查办公室哈密地区文物普查队：《哈密地区文物》1991年第4期	
58	文字镜	不详	哈密巴里坤塔斯巴斯陶北墓地	1988年发掘出土	1	不详	不详	护心镜，镜上有文字，镜背有钮	新疆维吾尔自治区文物普查办公室哈密地区文物普查队：《哈密地区文物普查资料》，《哈密地区文物》，《新疆文物》1991年第4期	
59	残镜	战国—汉代	哈密巴里坤黑沟梁墓地	1993年、1994年发掘出土	2	残	不详	一块为羽状地纹残镜片	磨古雄：《黑沟梁墓地与东黑沟墓地的考古类型学比较研究》，硕士学位论文，西北大学考古学系，2008，第28页	
60	带柄镜	战国—汉代	哈密巴里坤黑沟梁墓地	1993—1994年发掘出土	8	不详	不详	不详	同上	

序号	名称	时代	出土地点	发现时间及来源	数量	完残情况	尺寸	器物描述	资料来源	备注
61	平缘素面镜	战国—汉代	哈密巴里坤黑沟梁墓地	1993—1994年发掘出土	4	不详	不详	不详	塔古堆:《黑沟梁墓地的考古类型学比较研究》,硕士学位论文,西北大学考古学系,2008,第28页	
62	平缘素面镜	西汉时期	哈密巴里坤东黑沟遗址M015RS4	2006年6—9月发掘出土	1	残	直径5.8厘米,厚0.3厘米	素面、边缘较薄,有残损。背面镜心有一桥形钮	新疆文化遗产考古研究所、西北大学文化遗产保护与考古学研究中心:《2006年巴里坤东黑沟遗址发掘》,《新疆文物》2007年第2期	表面铜锈
63	四凤纹铜镜	宋代	哈密巴里坤	征集	1	完整	直径13.2厘米,厚0.8厘米	圆形、圆钮、钮外向四方伸延伸四条连珠纹至镜缘,将镜分为四部分,四只凤飞舞其间	哈密博物馆:《哈密文物精粹》,科学出版社,2013,第259页	
64	立羊柄铜镜	战国时期	哈密伊吾	1965年征集	1	完整	通高16厘米、直径7.7厘米	青铜、圆形、片状,镜体平直、表面无纹饰,镜上方转接一羊、羊底首直立,长角呈返状后曲,耳竖立,造型简洁古朴	同上,第207页	
65	有孔柄铜镜	战国—秦汉时期	哈密拜其尔墓地M26	2004—2005年发掘出土	1	完整	直径6.1厘米,柄残长1.2厘米	圆形、一侧有短柄,柄上有一穿孔且残损,柄与镜身连接处也有一圆形穿孔	新疆文物考古研究所、西北大学文化遗产学院、哈密市文物局,哈密博物馆、伊吾县文物管理局:《新疆拜其尔墓地——2004~2005年度发掘报告》,文物出版社,2020,第84页	
66	平缘素面镜	战国—秦汉时期	哈密拜其尔墓地M32	2004—2005年发掘出土	1	完整	直径5.2厘米	M32:3,铜镜。位于墓室南部、人骨南侧,距墓扩东南普0.46米,距墓室扩东北壁0.90米。平面呈圆形,表面平整,背面中间焊接一桥形钮,但已残损,仅存钮痕	新疆文物考古研究所、西北大学文化遗产学院、哈密市文物局,哈密博物馆、伊吾县文物管理局:《新疆拜其尔墓地——2004~2005年度发掘报告》,文物出版社,2020,第92页	

序号	名称	时代	出土地点	发现时间及来源	数量	完残情况	尺寸	器物描述	资料来源	备注
67	平缘素面镜	战国—秦汉时期	哈密拜其尔墓地M61	2004—2005年发掘出土	1	完整	直径9.3厘米，高1.5厘米，厚0.3厘米	M61:9，铜镜。位于椁室东南部，立于板北部，距墓扩东南壁0.45厘米，距立石板0.24米。圆形，背面饰数道凹弦纹，正中焊接一桥形钮	新疆文物考古研究所、西北大学文化遗产学院，哈密市文物管理局、哈密市博物馆、伊吾县文物管理局：《新疆拜其尔墓地——2004—2005年度发掘报告》，文物出版社，2020，第141页	
68	无孔柄镜	战国—汉代	哈密伊吾托背梁墓地M3	2009年5—6月发掘出土	1	完整	通长8.8厘米，镜直径4.7~4.85厘米，厚0.35厘米；镜柄长4.8厘米，宽2厘米	由镜身及柄构成。镜身圆形，平直，无纹饰。整体镂空饰较复杂。柄内残不可辨。柄与镜身通过两个直径0.5厘米的铁铆钉相连。柄背部残留已糟朽革带痕迹。通过铆钉与柄连接	西北大学文化遗产保护与考古学研究中心，哈密地区考古研究所：《2009年伊吾县托背梁墓地考古发掘简报》，《新疆文物》2014年第2期	
69	有孔柄镜	战国—汉代	哈密伊吾托背梁墓地M15	2009年5—6月发掘出土	1	完整	通长9.9厘米，短柄长0.25厘米，短柄半环形，长1.8厘米，宽1.8厘米，镜面直径8.1厘米	带半环形短柄，由柄和镜面两部分组成。短柄半环形，中镂空。镜面圆形，素面平滑，背面四周起环形镜缘	同上	
70	平缘素面镜	早期铁器时代	昌吉州昌吉市努尔加墓地M34	2012年6—8月发掘出土	1	完整	直径8.1厘米，厚0.3厘米，钮长2.2厘米，高0.3厘米，宽1厘米	素面，桥形钮，铸造	新疆文物考古研究所：《昌吉努尔加墓地考古发掘简报》，《新疆文物》2013年第3—4期	
71	长柄镜	青铜时代	昌吉州昌吉市宁边粮仓遗址博物馆	采集	1	完整	通长17.8厘米，最宽处7厘米	前斯基泰文化带柄铜镜	新编昌吉回族自治州文物局编《丝绸之路天山廊道——新疆昌吉古代遗址与馆藏文物精品》（上册），文物出版社，2014，第205页	

序号	名称	时代	出土地点	发现时间及来源	数量	完残情况	尺寸	器物描述	资料来源	备注
72	海兽葡萄纹镜	唐代	昌吉州昌吉市阿什里村	1991年采集	1	完整	直径11.5厘米	伏兽钮。一周高凸弦纹将镜背纹饰分为内外两区。内区四只绕钮相向奔走的瑞兽,其间饰葡萄蔓枝叶求,作对话状,钮下1人牵马	李来顺:《昌吉阿什里发现铜镜和鉴金佛像》,《新疆文物》1992年第3期,第102页	
73	柳毅传书故事镜	西汉时期	昌吉州阜康市三工河西岸	1992年2月采集	1	完整	直径10厘米,边厚0.4厘米	圆形,桥形钮,钮上方饰一棵大树,树下2人作对话状,钮下1人牵马	中国考古学会编《中国考古学年鉴》(文物出版社,1993第P265—266页;祁小山、王博:《丝绸之路·新疆古代文化》,新疆人民出版社,2008,第201页	
74	有孔柄镜	早期铁器时代	昌吉州阜康市三工河	1994年采集	1	完整	通高15.6厘米,宽11.27厘米,厚0.2厘米	亦贝希文化桃形带柄铜镜。锻造,镜面,柄上有三角形扎	新疆昌吉回族自治州廒道编《丝绸之路天山廒道——新疆昌吉古代遗址与馆藏文物精品》(上册),文物出版社,2014,第260页	
75	几何纹镜	宋代	昌吉州阜康市白杨河墓地M37	2010年4—8月发掘出土	1	略残	直径7厘米	圆形,三重圆圈由外而内三区外,中区同饰13"6"成对反置组合的几何纹,内区饰8组中区饰小花草纹,乳丁形"S"形纹,钮中部有圆形穿孔	新疆文物考古研究所:《阜康市白杨河墓地考古发掘简报》,《新疆文物》2012年第1期	
76	残镜	唐代	昌吉州阜康市西沟墓地M2	2010年9—10月发掘出土	2	残	残径8.8厘米,残宽3.8厘米;M17:4,残,素面,残长8.1厘米,残宽8.1厘米	M2疑似葡萄纹铜镜,残为一半,断缘打磨光滑,中部钻有小孔用于系挂。背面纹饰模糊,分内外残区。M17为素面残镜	新疆文物考古研究所:《阜康市西沟墓地,遗址考古发掘简报》《新疆文物》2016年第1期	

序号	名称	时代	出土地点	发现时间及来源	数量	完残情况	尺寸	器物描述	资料来源	备注
77	残镜	早期铁器时代至晋唐时期	昌吉州阜康市白杨河上游墓群	2016—2017年发掘出土	2	残	M19：1，残长9厘米，最宽5厘米，厚0.2厘米，缘宽0.3厘米，孔径分别为0.3厘米，0.1厘米	竖穴土坑墓出土铜镜2件，M19：1，素面，窄缘	新疆文物考古研究所，新疆博物馆：《阜康白杨河上游墓群发掘简报》，《文物》2020年第12期	
78	残镜	7—10世纪	昌吉州阜康市白杨河上游墓群	2016—2017年发掘出土	2	残	M1B：1，残长11.5厘米，残宽6厘米，厚0.6厘米，缘宽0.6厘米	竖穴偏室墓出土铜镜2件，残存少半。镜出，背面附着麻布片，镜面有皮质镜缘	同上	
79	海兽葡萄飞纹铜镜	唐代	昌吉州阜康市六运古城	采集	1	完整	直径9.7厘米，厚0.85厘米	伏兽钮。一周高凸弦纹将镜背纹饰分为内外两区。内区四只绕钮相间奔走的端兽，其间饰葡萄枝叶；外区葡萄蔓枝叶实间分布飞禽、云花纹缘。	新疆昌吉回族自治州文物局编《丝绸之路天山廊道——新疆昌吉古代精品》（下册），文物出版社，2014，第457页	
80	葵口荷塘飞鸟纹铜镜	唐代	昌吉州阜康市北庄子古城采集	采集	1	完整	直径10.5厘米，厚0.75厘米	八瓣葵花形，圆钮，荷塘飞鸟纹，凸素缘	同上书，第454页	
81	仿"和"式镜	清代	昌吉州阜康市博物馆	征集	1	完整	通长22.7厘米，镜面直径14厘米	左侧有"藤原光定"款	同上书，第639页	
82	无孔柄镜	春秋战国时期	昌吉州阜康市四工河墓地M12B	2017年发掘出土	1	稍残	直径8.4厘米，柄长0.8厘米	素面，周缘稍有残损，体近圆形，边缘有一个很小的束腰鋬柄	新疆维吾尔自治区博物馆考古部：《阜康市四工河墓地发掘报告》，《新疆考古》（第1辑），科学出版社，2020，第79—151页	
83	平缘素面镜	春秋战国时期	昌吉州阜康市四工河墓地M27	2017年发掘出土	1	稍残	直径11.6厘米	素面，部分残缺，体呈圆形，镜面略呈凸形	同上	

序号	名称	时代	出土地点	发现时间及来源	数量	完残情况	尺寸	器物描述	资料来源	备注
84	有孔柄镜	战国至西汉时期	昌吉州阜康市黄山河水库墓地M3	2017—2018年发掘出土	1	完整	镜面直径13.9厘米、柄长4.2厘米	圆形、带柄，柄上有孔，镜面和柄上有横向的两个钮	新疆文物考古研究所、新疆博物馆:《新疆阜康市黄山河水库墓地发掘简报》(第1辑)，科学出版社，2020，第163-198页	
85	菱形仙人骑兽镜	唐晚期至宋初	昌吉州阜康市黄山河水库墓地M26	2017—2018年发掘出土	1	残	镜面直径11.8厘米	仅存1/4。镜为菱花形，一周凸弦纹把镜背分为内外两区，内区纹饰为仙人骑兽，外区饰为祥云	同上	
86	"长命富贵"镜	清代	昌吉州阜康市征集	1989年征集	1	完整	直径9.3厘米、宽0.58厘米	镜背有"长命富贵"铭文	馆藏	
87	龙凤纹铜镜	明代	昌吉州呼图壁县二十里店	2008年征集	1	完整	直径9.3厘米、厚0.9厘米	圆形、圆钮、主纹为龙凤纹	新疆昌吉回族自治州文物局编《丝绸之路天山廊道—新疆昌吉古代遗址与馆藏文物精品》(下册)，文物出版社，2014，第581页	
88	折缘镜	春秋战国时期	昌吉州呼图壁县石门子墓地M52	2008年7月发掘出土	2	略残	直径11.3厘米、镜面厚0.5厘米，沿面厚1.4厘米。M58:1，残，残长3.2厘米、宽3.5厘米，铜镜边缘略厚，厚0.7厘米，中间厚0.3厘米	圆形带钮镜。卷沿，背面M58:1，残。M58:1，残	新疆文物考古研究所:《呼图壁县石门子墓地考古发掘简报》，《新疆文物》2013年第2期	
89	残镜(折缘)	春秋战国时期	昌吉州呼图壁县石门子古墓	2008年7月发掘出土	1	残	直径9厘米	圆形、折缘，1/3缺失	新疆昌吉回族自治州文物局编《丝绸之路天山廊道—新疆昌吉古代遗址与馆藏文物精品》(上册)，文物出版社，2014，第188页	

序号	名称	时代	出土地点	发现时间及来源	数量	完残情况	尺寸	器物描述	资料来源	备注
90	位至三公镜	三国时期	昌吉州呼图壁县博物馆	征集	1	完整	直径9.5厘米	圆形，圆钮，镜背有"位至三公"铭文	新疆昌吉回族自治州文物局编《丝绸之路天山廊道——新疆昌吉古代遗址与馆藏文物精品》（上册），文物出版社，2014，第355页	
91	双龙铜镜	金代	昌吉州木垒县破城子	1981年发掘出土	1	完整	直径16.5厘米，厚0.6厘米	圆形，主纹为双龙，一龙头上尾下，一龙头下尾上，素宽缘	新疆昌吉回族自治州文物局编《丝绸之路天山廊道——新疆昌吉古代遗址与馆藏文物精品》（下册），文物出版社，2014，第534页	
92	仙山宴乐柄镜	宋代	昌吉州木垒县东城镇废品收购站	1981年拣选	1	完整	长18.5厘米，直径11厘米	圆形带柄，镜上方为仙山琼阁，镜中多位仙人或站或坐望天地，镜下部有一酒樽置于地，众仙随意取饮，怡然自乐	新疆维吾尔自治区文物局编《丝路遗宝——新疆馆藏文物精品图录》，新疆人民出版社，2011，第257页	
93	四花枝纹铜镜	元代	昌吉州木垒县东城镇废品收购站	1981年拣选	1	完整	直径8厘米	圆形，圆钮，圆钮座，外饰一圈花卉纹，宽素缘	新疆昌吉回族自治州文物局编《丝绸之路天山廊道——新疆昌吉古代遗址与馆藏文物精品》（下册），文物出版社，2014，第569页	
94	花卉龟背纹镜	辽代	昌吉州英格堡乡菜子沟村	1981年征集	1	完整	直径12.4厘米	圆形，圆钮，背背饰纹图案及花形花纹的圆形正方形，镜内有大小两个正方形相套，并四角相连	新疆维吾尔自治区文物局编《丝路遗宝——新疆馆藏文物精品图录》，新疆人民出版社，2011，第257页	
95	真子飞霜铜镜	西辽时期	昌吉州木垒县新户古城	发掘出土	1	完整	直径21厘米，厚1厘米	八瓣葵花形，龟钮，钮下方饰莲池（限山），池中长出一荷叶作为钮座。左侧1人抚琴，右侧一鸾鸟立于祥云之上，钮上方饰田字格，格内竖排铭文"真子飞霜"，再上方云山托日	新疆昌吉回族自治州文物局编《丝绸之路天山廊道——新疆昌吉古代遗址与馆藏文物精品》（下册），文物出版社，2014，第535页	

序号	名称	时代	出土地点	发现时间及来源	数量	完残情况	尺寸	器物描述	资料来源	备注
96	素面双弦纹镜	清代	昌吉州木垒县	2010年征集	1	完整	直径14.5厘米，厚0.7厘米	圆形、素面，双弦纹	馆藏	
97	麒麟纹菱形铜镜	明代	昌吉州木垒县	2010年征集	1	完整	边长5.5，厚0.5厘米	菱形，圆钮。钮上下各饰麒麟一对，左右各饰花卉一枝	新疆昌吉回族自治州文物局编《丝绸之路天山廊道——新疆昌吉古代遗址与馆藏文物精品》（下册），文物出版社，2014，第579页	
98	昭明连弧铭文带镜	西汉时期	昌吉州木垒县	2010年征集	1	完整	直径9厘米	铭文"内清质以昭明"	新疆昌吉回族自治州文物局编《丝绸之路天山廊道——新疆昌吉古代遗址与馆藏文物精品》（上册），文物出版社，2014，第286页	
99	新莽博局镜	王莽时期	昌吉州木垒县	2010年征集	1	完整	直径13厘米	圆形，圆钮，柿蒂形钮座，钮座外围以双线方框，框外四边饰八乳钉及博局纹，外饰斜线纹和镜缘再向外缘斜线纹，与边缘同饰勾连云气纹。素宽缘	同上书，第287页	
100	残镜	唐代	昌吉州木垒县干沟墓地M47	2011年4—5月发掘出土	1	残	直径4.5厘米，镜厚0.3厘米，边缘厚1.1厘米	残留部分平面呈三角形。外区内饰海兽葡萄纹，内区纹样与内外区纹样相同，镜缘上有蔓草纹样	新疆文物考古研究所：《木垒县干沟墓地考古发掘报告》，《新疆文物》2012年第1期	
101	瑞兽葡萄纹镜	唐代	昌吉州木垒县	征集	1	完整	直径13.5厘米，厚0.5厘米	伏兽钮，一周高凸弦纹将镜背纹饰分为内外两区。内区四只绕走的瑞兽，其间饰的瑞兽，外区饰葡萄枝叶果实，外区葡萄蔓枝叶实间分布飞禽。云花纹缘	新疆昌吉回族自治州文物局编《丝绸之路天山廊道——新疆昌吉古代遗址与馆藏文物精品》（下册），文物出版社，2014，第494页	

序号	名称	时代	出土地点	发现时间及来源	数量	完残情况	尺寸	器物描述	资料来源	备注
102	仙人龟鹤纹镜	唐代	昌吉州玛纳斯县楼南古城	1986年发掘出土	1	完整	直径16.5厘米	镜右树下坐一仙人，左立一侍者，钮下有龟鹤，花草	新疆维吾尔自治区文物局编《丝路瑰宝—新疆馆藏文物精品图录》，2011，第257页；新疆昌吉回族自治州文物局编《丝绸之路天山廊道—新疆昌吉古代遗址与馆藏文物精品》（下册），文物出版社，2014，第448页	
103	山字纹镜	战国时期	昌吉州玛纳斯县包家店黑梁湾墓地M2	2005年6月发掘出土	1	完整	直径11.5厘米，厚0.4厘米，重50克	圆形，三弦钮，回面方框钮钮座，为四山纹镜，"山"字左旋，素卷边	马永胜、徐华林、王博：《玛纳斯县黑梁湾墓地清理简况》，《新疆文物》2010年第1期；新疆昌吉回族自治州文物局编《丝绸之路天山廊道—新疆昌吉古代遗址与馆藏文物精品》（上册），文物出版社，2014，第215页	锈蚀严重，地纹不清
104	星云镜	西汉时期	昌吉州玛纳斯县清水河乡团庄子古墓	2007年玛纳斯县公安局移交	1	残	最长8.3厘米，最宽3.5厘米	星云镜残片	新疆昌吉回族自治州文物局编《丝绸之路天山廊道—新疆昌吉古代遗址与馆藏文物精品》（上册），文物出版社，2014，第321页	
105	四神博局镜	东汉时期	昌吉州玛纳斯县县城	2010年征集	1	完整	直径10.2厘米	圆形，圆钮座，主纹为博局柿蒂方格图案，外有辐射纹和四锯齿纹各一周	同上书，第355页	
106	"状元及第"铜镜	明代	昌吉州玛纳斯县博物馆	征集	1	完整	直径12厘米	圆形，镜内四方框"状元及第"按上、下、右、左布在框内	新疆昌吉回族自治州文物局编《丝绸之路天山廊道—新疆昌吉古代遗址与馆藏文物精品》（下册），文物出版社，2014，第579页	

序号	名称	时代	出土地点	发现时间及来源	数量	完残情况	尺寸	器物描述	资料来源	备注
107	麦口湖州铭文铜镜	宋代	昌吉州玛纳斯县博物馆	征集	1	完整	直径12.5厘米	六瓣菱花形，杵形钮。钮左侧长方形框内竖饰两行十字铭文："湖州真石家念二叔照子"。素缘	新疆昌吉回族自治州文物局编《丝绸之路天山廊道——新疆昌吉古代遗址与馆藏文物精品》（下册），文物出版社，2014，第516页	
108	折缘镜	战国时期	昌吉州吉木萨尔县大龙口大型石堆墓M10	1993年9月发掘出土	1	完整	直径20.5厘米，卷沿高1厘米，镜厚0.2厘米	素面青铜护心镜，周缘折卷边，镜背有弓形钮，镜面一端边缘有一残洞	新疆文物考古研究所、昌吉回族自治州文管所、吉木萨尔县文管理所:《吉木萨尔县大龙口大型石堆墓简记》，《新疆文物》1994年第4期；新疆昌吉回族自治州文物局编《丝绸之路天山廊道——古代遗址与馆藏文物精品》（上册），文物出版社，2014，第153页	
109	菱花形双兽双鸾花枝镜	唐代	昌吉州吉木萨尔县北庭故城	发掘出土	1	完整	直径23厘米	八瓣菱花形，主纹为双兽、双鸾，花枝，作环绕式排列	新疆昌吉回族自治州文物局编《丝绸之路天山廊道——新疆昌吉古代遗址与馆藏文物精品》（下册），文物出版社，2014，第422页	
110	海兽葡萄纹镜	唐代	昌吉州吉木萨尔县	征集	1	完整	直径4厘米	伏兽钮。一周高凸弦纹将镜背分为内外两区。内区四只绕钮相向奔走的瑞兽，其间饰葡萄蔓枝叶实，外区葡萄蔓枝叶实间分布飞禽。	同上书，第495页	
111	海兽葡萄纹镜	唐代	昌吉州吉木萨尔县	征集	1	完整	直径7.5厘米，厚0.4厘米	伏兽钮。一周高凸弦纹将镜背纹饰分为内外两区。内区四只绕钮相向奔走的瑞兽，其间饰葡萄蔓枝叶实，外区葡萄蔓枝叶间分布云花纹缘	同上	

序号	名称	时代	出土地点	发现时间及来源	数量	完残情况	尺寸	器物描述	资料来源	备注
112	海兽葡萄镜	唐代	昌吉州吉木萨尔县	征集	1	完整	直径12.5厘米，厚0.8厘米	伏兽钮。一周高凸弦纹将镜背纹饰分为内外两区，内区四只绕钮相向奔走的瑞兽，其间饰葡萄枝叶，外区葡萄蔓枝叶实同分布有飞禽、云花纹缘。	新疆昌吉回族自治州文物局编《丝绸之路天山廊道——新疆昌吉古代遗址与馆藏文物精品》（下册），文物出版社，2014，第495页	
113	有孔柄镜	西汉时期	昌吉州奇台县东湾镇根葛尔村墓葬	1994年采集	1	完整	直径7厘米，柄长2.3厘米	圆形带柄，柄上一圆孔。	新疆昌吉回族自治州文物局编《丝绸之路天山廊道——新疆昌吉古代遗址与馆藏文物精品》（上册），文物出版社，2014，第291页	
114	海兽葡萄镜	唐代	昌吉州奇台县	征集	1	完整	直径13.2厘米，厚1厘米	伏兽钮。一周高凸弦纹将镜背纹饰分为内外两区，内区四只绕钮相向奔走的瑞兽，其间饰葡萄枝叶，外区葡萄蔓枝叶实同分布有飞禽、云花纹缘。	新疆维吾尔自治区文物局编《丝路瑰宝——新疆馆藏文物精品图录》，新疆人民出版社，2011，第257页	
115	葵花镜	唐代	昌吉州奇台县博物馆	征集	1	完整	直径13厘米，厚0.5厘米	八瓣葵花形，圆钮。一周凸弦纹将纹饰分为内两区，内区纹饰不清，外区葵花纹同饰祥云	新疆昌吉回族自治州文物局编《丝绸之路天山廊道——新疆昌吉古代遗址与馆藏文物精品》（下册），文物出版社，2014，第494页	
116	仙女兽鹤纹柄镜	宋辽时期	昌吉州奇台县	1991年征集	1	完整	通长15.2厘米	圆形带柄，镜左仙鹤飞翔，镜上树下仙女用团扇斜下指，伏于地，兽后一童射立，柄端有一小鹿。	同上书，第515页	
117	双鱼纹镜	宋代	昌吉州奇台县	征集	1	完整	直径13.5厘米，厚0.5厘米	圆形，圆钮，铜镜背面饰有两条精美的鱼纹。	同上书，第517页	

序号	名称	时代	出土地点	发现时间及来源	数量	完残情况	尺寸	器物描述	资料来源	备注
118	五子登科镜	明代	昌吉州奇台县博物馆	征集	1	完整	直径18厘米，外沿厚0.7厘米	圆形，镜内有四方框，"五子登科"按上、下、左、右在框内。框同有"五子登科"四字	新疆昌吉回族自治州文物局编《丝绸之路天山廊道—新疆昌吉古代遗址与馆藏文物精品》（下册），文物出版社，2014，第580页	
119	日光圈带铭文镜	汉代	昌吉州奇台县博物馆老奇台镇	1985年征集	1	完整	直径7.5厘米	圆钮，圆形钮座，座外饰一圈凸弦纹和内向八连弧纹，向外两周射线纹中夹饰一周铭文。宽素缘	新疆昌吉回族自治州文物局编《丝绸之路天山廊道—新疆昌吉古代遗址与馆藏文物精品》（上册），文物出版社，2014，第286页	
120	双鱼纹铜镜	金代	昌吉州奇台县西地乡	征集	1	完整	直径18厘米	圆形，中间桥形钮，铸对称双鲤鱼	新疆昌吉回族自治州文物局编《丝绸之路天山廊道—新疆昌吉古代遗址与馆藏文物精品》（下册），文物出版社，2014，第569页	
121	麦口湖州铭文镜	宋代	昌吉州博物馆	2012年征集	1	完整	直径12.5厘米	六瓣葵花形，钮左侧方形框内竖饰两行十字铭文："湖州真石家念二叔照子。"窄素缘	同上书，第516页	
122	平缘素面镜	青铜时代	昌吉州博物馆	征集	1	完整	直径6.4厘米	素面小铜镜	新疆昌吉回族自治州文物局编《丝绸之路天山廊道—新疆昌吉古代遗址与馆藏文物精品》（上册），文物出版社，2014，第145页	
123	无孔柄镜	金代	昌吉州博物馆	征集	1	完整	通长17厘米，直径9厘米	圆形，素面，长扁柄，窄素缘	新疆昌吉回族自治州文物局编《丝绸之路天山廊道—新疆昌吉古代遗址与馆藏文物精品》（下册），文物出版社，2014，第515页	
124	双弦纹镜	民国时期	昌吉州博物馆	2016年征集	1	完整	直径8.3厘米，厚0.9厘米	圆形，素面，双弦纹	馆藏	

序号	名称	时代	出土地点	发现时间及来源	数量	完残情况	尺寸	器物描述	资料来源	备注
125	文字铜镜	明代	昌吉州博物馆	2010年征集	1	完整	直径6.7厘米	圆形	馆藏	
126	"金玉满堂"镜	清代	昌吉州博物馆	2016年征集	1	完整	直径8.9厘米，厚0.4厘米	圆形、镜背有四方框，"金玉满堂"按上、下、右、左布在框内	馆藏	
127	"长命富贵"镜	清代	昌吉州博物馆	2012年征集	1	完整	直径7.7厘米	圆形、镜背有四方框，"长命富贵"按下、上、右、左布在框内	馆藏	
128	仙女兽鹤纹柄镜	金代	博州达勒特古城遗址	1988年8月采集	1	完整	直径8.4厘米，柄长7厘米，宽1.9~2.2厘米	圆形带柄、镜左上部为如意云朵和仙鹤、树下仙女倒执镜、一兽伏于地、兽后一鹿状动物，柄下部饰流云	自治区文物普查办公室、博尔塔拉蒙古自治州文物普查队：《博尔塔拉蒙古自治州文物普查资料》、《新疆文物》1990年第1期	
129	双凤纹柄镜	宋代	博州市达勒特乡古城遗址	1988年8月采集	1	完整	直径11厘米，厚0.3厘米，柄残长1.6厘米，宽1.9厘米	圆形、带柄、柄残、平缘、桥形钮，饰浅浮雕式流云双凤纹	同上	
130	连弧纹镜	宋代	博州市达勒特乡古城遗址	1988年8月采集	1	完整	直径8.5厘米	圆形、小圆钮、连瓣形钮座，边缘处饰凸弦纹一周，内向饰八连弧纹	同上	
131	"长安五家、清铜照子"文镜	宋代	博州市达勒特乡古城遗址	1988年8月采集	1	完整	直径12厘米，缘厚0.3厘米	圆形、桥形钮，镜背有一长方形框，内有"长安五家、清铜照子"铭文、楷书，分两行竖排	同上	
132	缠枝纹镜	金代	温泉县布日哈呼镇古城遗址	采集	1	完整	直径16.3厘米	圆形、一圈细凸弦纹、花瓣纹凸外圈连珠纹，夹饰缠枝纹和连珠纹。座	同上	

序号	名称	时代	出土地点	发现时间及来源	数量	完残情况	尺寸	器物描述	资料来源	备注
133	六曲葵花形湖州镜	宋代	博州达勒特乡古城遗址	1988年8月采集	1	完整	直径13.1厘米，厚0.3厘米	花瓣形，厚平沿，桥形钮，镜背有一长方形钮框，内有两行铭文，多锈蚀，铭文为"湖州二叔照子"		馆藏
134	人物故事纹具柄镜	宋代	博州博乐市博物馆	2007年征集	1	完整	通长13.9厘米，直径9.9厘米，厚0.5厘米	圆形带柄。镜上方有一棵结满果实的大树，树下三人中，一人作跪拜状，上半身在画框之中，二人作跪拜状。左边图案无法辨认		馆藏
135	残镜	唐代	巴州轮台县城堡遗址	1980—1981年发掘出土	1	残	不详	残存3块，镜钮部完整，为圆形端兽形钮组，其条两块尚存瑞兽、葡萄纹样	新疆维吾尔自治区博物馆文物队、新疆轮台县文教局：《轮台县文物调查》，《新疆文物》1991年第2期；《新疆文物考古新收获（续）》，第573页	
136	折缘镜	西周中期—春秋早期	巴州轮台县巴克古墓M1	1985年发掘出土	1	完整	直径15厘米，厚0.2厘米	镜面平直，边缘向背面折卷成一宽边，使背面中心呈浅盘状，形小钮，无纹样	新疆社会科学院考古所新疆队、新疆巴音郭楞蒙古自治州文管所：《轮台群巴克古墓葬第一次发掘简报》，《考古》1987年第11期；《新疆文物考古新收获》，第P356－367页	
137	有孔柄镜	青铜时代	巴州轮台县巴克古墓M34	1986—1987年发掘出土	1	完整	通长14.4厘米，镜面直径8.9厘米，厚0.2厘米	IM34A：1，镜面圆形较薄，长条柄略厚，柄端有一孔，近似三角	新疆社会科学院考古所新疆队、新疆巴音郭楞蒙古自治州文管所：《轮台县巴克墓葬第二、三次发掘简报》1991年第8期；《新疆文物考古新收获（续）》，第281—302页	
138	有孔柄镜	青铜时代	巴州轮台群巴克古墓M4	1986—1987年发掘出土	1	完整	通长14.2厘米，镜面直径9.5厘米，厚0.3厘米	Ⅱ M4：12，镜面圆形，柄为长条形，柄端有一小孔	同上	

序号	名称	时代	出土地点	发现时间及来源	数量	完残情况	尺寸	器物描述	资料来源	备注
139	无孔柄镜	西周—春秋时期	巴州轮台县群巴克墓地	1989年发掘出土	1	完整	直径8.9厘米，厚0.3厘米，柄长6厘米，宽1.9厘米	圆形，一端带柄	1990年中国社科院新疆考古队移交	
140	山字纹镜	战国时期	巴州轮台县阿孜干墓地M10	2003年发掘出土	1	残	直径11.7厘米	圆形，密钮，为四出山纹镜，"山"字左旋，素窄卷边	馆藏	
141	平缘素面镜	春秋时期	巴州和静县察吾呼沟一号墓地M206	1983—1988年发掘出土	1	完整	直径8.6厘米，厚0.3厘米，通厚1厘米	体形较小，圆形，素面，两面平整，钮略残	新疆文物考古研究所，和静县博物馆：《和静县察吾呼一号墓地》，《新疆文物》1992年第4期;《新疆文物考古新收获》，第174-223页;《新疆察吾呼—大型氏族墓地发掘报告》，东方出版社，第215页	
142	平缘素面镜	青铜时代	巴州和静县察吾呼沟二号墓地M218	1986年9—10月发掘出土	1	残	直径6.8厘米，厚0.2厘米	周沿已残，素面，两面平整	新疆文物考古研究所，和静县文化馆：《和静县察吾呼沟二号墓地发掘简报》，《新疆文物》1989年第4期;《新疆文物考古新收获》，第244-264页;《新疆察吾呼—大型氏族墓地发掘报告》，东方出版社，第139页	
143	规矩纹镜	东汉时期	巴州和静县察吾呼沟三号墓地M7	1984年发掘出土	1	完整	直径11.9厘米，厚0.4厘米	半圆形钮，四叶纹座，座外有方形界栏，栏外列乳丁和规矩纹，其区为八禽兽，外区为两周锯齿纹和一周双线水波纹	新疆社会科学院考古所新疆巴州巴音郭楞蒙古自治州文管所：《和静县察吾呼沟三号墓地发掘简报》，《考古》1990年第10期;《新疆文物考古新收获（续）》，第233-241页	

序号	名称	时代	出土地点	发现时间及来源	数量	完残情况	尺寸	器物描述	资料来源	备注
144	素面铁镜	青铜时代	巴州和静县察吾呼沟三号墓地 M14	1988 年 11 月发掘出土	1	完整	直径 6.8 厘米，厚 0.6 厘米	圆形，中间有钮，素面，两面平整	新疆文物考古研究所，和静县文化馆:《和静察吾呼三号墓地发掘简报》，《新疆文物》1990 年第 1 期;《新疆文物考古新收获》，第 242~259 页	锈蚀严重
145	兽纹铜镜	青铜时代	巴州和静县察吾呼沟四号墓地 M114	1987 年发掘出土	1	完整	厚 0.4 厘米，直径 9 厘米	圆形，周无缘，桥形钮，背面饰蟠曲狼纹，首尾相接，目圆，嘴大，齿利，一副凶猛相	新疆维吾尔自治区文物事业管理局，新疆考古研究所，新疆维吾尔自治区博物馆，新疆美术摄影出版社编《新疆历史文明集粹》，新疆美术摄影出版社，2009，第 45 页; 新疆维吾尔自治区文物局编《丝路瑰宝——新疆馆藏文物精品图录》，新疆人民出版社，2011，第 169 页	
146	平缘素面镜	青铜时代	巴州和静县察吾呼沟四号墓地 M154	1987 年发掘出土	1	完整	厚 0.2 厘米，直径 8 厘米	圆形，素面，两面平整，背面有一方形钮，通体椭圆形	新疆文物考古研究所，和静县文化馆:《和静察吾呼沟四号墓地 1987 年度发掘简报》，《新疆文物》1988 年第 4 期;《新疆文物考古新收获》，第 275~301 页;《新疆察吾呼——大型氏族墓地发掘报告》，东方出版社，1999，第 139~140 页	
147	兽纹镜	青铜时代	巴州和静县察吾呼沟四号墓地 M165	1987 年发掘出土	1	完整	厚 0.4 厘米，直径 9.0 厘米	沿微卷，圆形，一边有方座，背为一蟠曲的狼，凸纹，桥形钮	同上	

序号	名称	时代	出土地点	发现时间及来源	数量	完残情况	尺寸	器物描述	资料来源	备注
148	有孔柄镜	青铜时代	巴州和静县察吾呼沟西墓地	1991年6月发掘出土	1	略残	直径9厘米，通长11.7厘米，厚0.1厘米	带柄铜镜。镜面圆形，略凸，柄较短，末端有一圆孔	新疆文物考古研究所、和静县文化馆:《和静县察吾呼墓地一座被破坏墓葬的清理》,《新疆文物》1994年第1期;《新疆文物考古新收获(续)》第276—280页	
149	博局纹铜镜	汉晋时期	巴州和静县223团机务连	1990年采集	1	略残	直径10厘米	圆形，圆钮，圆座。内区方格内是乳钉纹和十二地支铭文，辅地为规矩纹、乳钉纹、青龙、白虎、朱雀、玄武四神各一方。外区是镜黄太巧，上有仙人不知老。渴饮玉泉饥食枣，浮游天下激四海"28个隶书字样。其外侧镜边较宽，三角锯齿纹、流云纹环列	新疆维吾尔自治区地方志编纂委员会:《新疆通志·文物志》,新疆人民出版社,2007,第487—488页	
150	平缘素面镜	青铜时代	巴州和静县莫呼查汗一号墓地8号墓	2011年6—8月,2012年8—9月发掘出土	1	完整	直径7.8厘米，钮长1.6厘米，钮高0.7厘米，钮宽0.9厘米	素面，镜面平，桥形钮	新疆文物考古研究所:《新疆莫呼查汗墓地》,科学出版社,2016,第20页;新疆文物考古研究所:《和静县莫呼查汗墓地发掘简报》,《新疆文物》2013年第1期	
151	平缘素面镜	青铜时代	巴州和静县莫呼查汗一号墓地10号墓	2011年6—8月,2012年8—9月发掘出土	1	完整	直径6.4厘米，钮长2.1厘米，钮高0.8厘米，钮宽0.9～1.3厘米	素面，镜面平，桥形钮	新疆文物考古研究所:《新疆莫呼查汗墓地》,科学出版社,2016,第21页;新疆文物考古研究所:《和静县莫呼查汗墓地发掘简报》,《新疆文物》2013年第1期	

序号	名称	时代	出土地点	发现时间及来源	数量	完残情况	尺寸	器物描述	资料来源	备注
152	平缘素面镜	青铜时代	巴州和静县莫呼查汗一号墓地79号墓	2011年6—8月、2012年8—9月发掘出土	1	完整	直径7.8厘米，钮长1.7厘米，钮宽0.9厘米	素面，镜面平，桥形钮	新疆文物考古研究所：《新疆莫呼查汗墓地》，科学出版社，2016，第104页；新疆文物考古研究所：《和静县莫呼查汗墓地考古发掘简报》，《新疆文物》2013年第1期	
153	折缘镜	青铜时代	巴州和静县莫呼查汗一号墓地106号墓	2011年6—8月、2012年8—9月发掘出土	1	完整	直径8.6厘米，厚0.4厘米，缘厚0.6厘米，钮长1.6厘米，钮高0.8厘米，钮宽0.8厘米	素面，镜缘有凸棱，镜面平，桥形钮	新疆文物考古研究所：《新疆莫呼查汗墓地》，科学出版社，2016，第137页；新疆文物考古研究所：《和静县莫呼查汗墓地考古发掘简报》，《新疆文物》2013年第1期	
154	平缘素面镜	青铜时代	巴州和静县莫呼查汗一号墓地124号墓	2011年6—8月、2012年8—9月发掘出土	1	稍残	直径8.3厘米，钮长1.7厘米，钮高0.8厘米，钮宽1.2厘米	素面，镜面平，桥形钮	新疆文物考古研究所：《新疆莫呼查汗墓地》，科学出版社，2016，第156页；新疆文物考古研究所：《和静县莫呼查汗墓地考古发掘简报》，《新疆文物》2013年第1期	
155	平缘素面镜	青铜时代	巴州和静县莫呼查汗一号墓地125号墓	2011年6—8月、2012年8—9月发掘出土	1	完整	直径6.2厘米，厚0.1~0.2厘米，钮长1.7厘米，钮高0.4厘米，钮宽0.8厘米	素面，镜面微凸，桥形钮	新疆文物考古研究所：《新疆莫呼查汗墓地》，科学出版社，2016，第157页；新疆文物考古研究所：《和静县莫呼查汗墓地考古发掘简报》，《新疆文物》2013年第1期	
156	多圈凹弦纹镜	青铜时代	巴州和静县莫呼查汗一号墓地128号墓	2011年6—8月、2012年8—9月发掘出土	1	完整	直径6.5厘米，厚0.1~0.2厘米，钮长1.3厘米，钮高0.4厘米，钮宽0.6厘米	桥形钮，镜面平，内区有两周凸弦纹，内填18条节状凸弦纹，外区至镜边缘也有两周凸弦纹，内填18条节状凸弦线	新疆文物考古研究所：《新疆莫呼查汗墓地》，科学出版社，2016，第162页；新疆文物考古研究所：《和静县莫呼查汗墓地考古发掘简报》，《新疆文物》2013年第1期	

序号	名称	时代	出土地点	发现时间及来源	数量	完残情况	尺寸	器物描述	资料来源	备注
157	多重三角纹镜	青铜时代	巴州和静县莫呼查汗墓地130号墓	2011年6—8月、2012年8—9月发掘出土	1	完整	直径8.4厘米，厚0.1~0.2厘米，钮长1.6厘米，钮高0.8厘米，钮宽0.6厘米	桥形钮，镜面平，镜背有四重三角凸纹	新疆文物考古研究所：《新疆莫呼查汗墓地》，科学出版社，2016，第166页；新疆文物考古研究所《和静县莫呼查汗墓地考古发掘简报》，《新疆文物》2013年第1期	
158	平缘素面镜	青铜时代	巴州和静县莫呼查汗墓地150号墓	2011年6—8月、2012年8—9月发掘出土	1	完整	直径8.7厘米，钮长2.6厘米，钮高0.8厘米，钮宽1.1厘米	素面、镜面平、桥形钮	新疆文物考古研究所：《新疆莫呼查汗墓地》，科学出版社，2016，第190页；新疆文物考古研究所《和静县莫呼查汗墓地考古发掘简报》，《新疆文物》2013年第1期	
159	平缘素面镜	青铜时代	巴州和静县莫呼查汗墓地151号墓	2011年6—8月、2012年8—9月发掘出土	1	完整	直径8.5厘米，厚0.1~0.3厘米，钮长2.1厘米，钮高0.6厘米，钮宽1.3厘米	素面、镜面平、桥形钮	新疆文物考古研究所：《新疆莫呼查汗墓地》，科学出版社，2016，第191页；新疆文物考古研究所《和静县莫呼查汗墓地考古发掘简报》，《新疆文物》2013年第1期	
160	平缘素面镜	青铜时代	巴州和静县莫呼查汗墓地15号墓	2011年6—8月、2012年8—9月发掘出土	1	完整	直径7.1厘米，厚0.2厘米，钮长1.5厘米，钮高0.6厘米，钮宽0.6厘米	素面、镜面平、桥形钮	新疆文物考古研究所：《新疆莫呼查汗墓地》，科学出版社，2016，第232页；新疆文物考古研究所《和静县莫呼查汗墓地考古发掘简报》，《新疆文物》2013年第1期	
161	昭明连弧纹镜	汉代	巴州和静县莫呼查汗墓地63号墓	2011年6—8月、2012年8—9月发掘出土	1	残	直径10.5厘米，缘厚0.4厘米，钮高0.6厘米，钮宽0.9~1厘米	圆钮、圆钮座外有内向连弧纹一周，外区有铭文一圈，字体方正，宽素平缘。每个字中间夹两个"而"字，因锈蚀严重铭文不清	新疆文物考古研究所：《新疆莫呼查汗墓地》，科学出版社，2016，第292页；新疆文物考古研究所《和静县莫呼查汗墓地考古发掘简报》，《新疆文物》2013年第1期	

序号	名称	时代	出土地点	发现时间及来源	数量	完残情况	尺寸	器物描述	资料来源	备注
162	平缘素面镜	青铜时代	巴州和静县哈布其罕一号墓地 M2	1992年8—9月发掘出土	1	完整	直径7.2厘米，厚0.5厘米	圆形扁平状，桥形钮，素面	新疆文物考古研究所、和静县民族博物馆：《和静哈布其罕1号墓地发掘简报》，《新疆文物》1999年第1期	边缘微锈残
163	无孔柄镜	汉代	巴州和静县拜其尔墓地201号墓葬	1993年9—10月发掘出土	1	完整	直径17~17.4厘米，通长20.9厘米	素面带柄	王宗磊：《1993年和静拜其尔墓地发掘收获》，《新疆文物》1994年第3期	
164	铁柄镜	战国时期	巴州和静县巴伦台古墓地1号墓	1994年发掘出土	1	完整	直径9厘米，通长16厘米	铁柄，铜镜面与铁柄合铸，柄较长	新疆维吾尔自治区文物事业管理局、新疆维吾尔自治区文物考古研究所、新疆维吾尔自治区博物馆、新疆新天国际经济技术合作有限公司：《新疆文物古迹大观》，新疆美术摄影出版社，1999，第177页	
165	海兽葡萄镜	唐代	巴州和静县乌拉斯台古墓地	发掘出土	1	完整	直径约20厘米	伏兽钮。一周高凸弦纹将镜背纹饰分为内外两区。内区七只绕钮相向奔走的瑞兽，其间饰葡萄蔓枝叶。外区葡萄蔓枝叶、实间实同分布飞禽。云花纹缘	新疆维吾尔自治区博物馆展厅	
166	连弧纹镜	汉晋时期	和静县察汗乌苏古墓群	2004年发掘出土	2	残	不详	均为圆形带钮镜，已残。其中一面铜镜为连弧纹镜，镜体较厚，宽沿。圆中心部饰一钮，钮中部及钮四周饰，其中外圈为连续的连弧纹。其造型、纹饰在东汉前后广泛流行	新疆文物考古研究所：《和静县察汗乌苏古墓群发掘新收获》，《新疆文物》2004年第4期	

序号	名称	时代	出土地点	发现时间及来源	数量	完残情况	尺寸	器物描述	资料来源	备注
167	铁镜铜镜	不详	和静县小山口水电站墓群B区	2007年4—7月发掘出土	不详	不详	不详	不详	新疆文物考古研究所：《和静县小山口水电站墓群考古新资料汇编（中）》，《新疆文物考古资料汇编 中》，新疆人民出版社，2013	
168	残镜	汉代	巴州若羌县罗布淖尔	1979年6月—1980年5月发掘出土	1	残	不详	镜质未锈，仍可见乌亮的光泽。从碎裂之残片看，镜背为典型的汉代连弧柿蒂纹	新疆文物考古研究所：《罗布淖尔地区东汉墓发掘及初步研究》，《新疆文物考古新收获》，《新疆社会科学》1983年第1期	已残碎
169	残镜	汉晋时期	巴州若羌县楼兰古城	1980年3—4月发掘出土	9	残	直径约6厘米，边厚0.1厘米	镜9件，皆残。标本F0：15形体较小，镜背有圆钮，围绕圆钮有三周弦纹，制作不精细	新疆考古研究所楼兰城址调查与试掘简报：《楼兰城址调查与试掘简报》，《新疆文物考古新收获》，《文物》1988年第7期	
170	铭文残镜	汉晋时期	巴州若羌县楼兰城郊古墓葬	1980年3—4月发掘出土	3	残	略	均残。标本MA2：4残存靠近镜钮的一部分。中区区花纹为对称的四瓣花蒂，瓣尖向外，瓣间有篆书铭文，现存"子孙"二字。外圈为内向连弧纹。残长6厘米，残宽5.4厘米。俞伟超先生鉴定为连弧柿纹镜，铭文当在"长宜子孙"，时代当在西汉末期。标本MA7：5残存一块三角形素边，上有乳丁纹，残长3.3厘米，残宽2.3厘米。俞伟超先生疑为"家常"	《楼兰城郊古墓群发掘简报》，《新疆文物考古新收获》，《文物》1988年第7期	

序号	名称	时代	出土地点	发现时间及来源	数量	完残情况	尺寸	器物描述	资料来源	备注
								"富贵"镜，时代当在西汉中晚期。标本MA7：7残镧边缘凸出厚重，中饰星云纹，残长5.7厘米，厚0.4厘米。俞伟超先生鉴定为星云纹镜，时代大约在西汉中期		
171	乳钉纹镜1件，残镜15件	汉晋时期	巴州若羌县楼兰地区	1997—1998年考古调查采集	16	基本完整1件，残镜15件	乳钉纹镜直径11.5厘米，通高1.3厘米	97LXC2：乳钉纹铜镜残片；97LXC5：铜镜残片2件；97LXC15：铜镜残片；97LXC16：铜镜残片；97LXC23：铜镜残片；97LXC24：铜镜残片；97LXC34：铜镜残片；97LXC36：带钮铜镜残片；98LXC40：带钮铜镜残片；98LXC42：铜镜残片；98LXC46：带钮铜镜残片；98LXC54：铜镜残片；98LXC62：铜镜残片。乳钉纹铜镜1件，采自罗布泊西岸。98LXC62：9；铜镜，周边内连弧纹，连弧与钮之间镜背上4个大乳钉，钮柱体上有乳钉纹钉，周围多个小孔，缘局部残缺	巴音郭楞蒙古自治州博物馆：《1997—1998年楼兰地区考古调查报告》，《新疆文物》2012年第2期；巴州博物馆补充提供资料	

序号	名称	时代	出土地点	发现时间及来源	数量	完残情况	尺寸	器物描述	资料来源	备注
172	"君宜高官"镜	汉晋时期	巴州若羌县LE古城北墓地	2002年采集	1	完整	直径10.6厘米，厚0.3厘米	半球形钮，四出对鸟纹，内填隶书"君宜高官"，以两绕圈凸线组成向心圆，外一周连弧纹，内填星纹，最外圈为变体云气纹，镜缘外斜	新疆维吾尔自治区文物局文物编《丝路瑰宝—新疆馆藏文物精品图录》，新疆人民出版社，2011，第302页	
173	铭文镜	汉晋时期	巴州若羌县LE古城北5公里被盗墓	2003年清理	2	残	1.残长6.5厘米，厚0.3厘米；2.残长3.6厘米，残宽2.3厘米，厚0.4厘米	日光连弧铭带铜镜1件，铭文铜镜六字铭镜1件，复原直径9厘米	馆藏	
174	"昭明"镜	汉晋时期	巴州若羌县	2003年征集	1	完整	直径9.3厘米，厚0.6厘米，镜缘宽0.5厘米	半球形钮，内区有十二连弧纹。外区，以宽带环隔为内、外区，字体方正。铸铭文一圈，外有一周填平行斜线的圈带	馆藏	
175	铁镜1件残镜2件	汉晋时期	巴州若羌县罗布泊地区小河流域	2002—2007年采集	3	残	03XHMⅡ：7直径约7.7厘米；03XHY1：8直径约11.9厘米	铁质1件，镜03XHMⅡ：7现只残存一部分，圆形，背面外侧有一周突棱，内侧饰有放射线纹。正面光滑。03XHY1：8呈圆形。现只残存一半，锈蚀。正面光滑，背面中部为圆钮组，上有孔。钮外侧先饰柿蒂纹，其外再饰有内向连弧纹	新疆文物考古研究所：《罗布泊地区小河流域的考古调查》，《新疆文物》2007年第2期	
176	残镜	汉晋时期	巴州若羌县楼兰古城	2014年10—11月采集	1	残	残长4.8厘米，残宽2.2厘米，沿边厚0.2厘米	14WY3：4，仅存边部分。镜面平，背面光滑，镜面呈三角形	新疆文物考古研究所：《2014年度新疆楼兰古代村落遗迹调查报告》，《新疆文物》2015年第3-4期	
177	残镜	汉晋时期	巴州若羌县楼兰墓地	2015年9月采集	7	残	略	M2C：1为铜镜残片，仅存镜缘。宽平素面，缘较厚，残长5.1厘米，宽2.3厘米；其余	新疆文物考古研究所：《2015年度新疆楼兰古代村落遗迹调查报告》，《新疆文物》2016第2期	

序号	名称	时代	出土地点	发现时间及来源	数量	完残情况	尺寸	器物描述	资料来源	备注
								6件均残。15C4～4：6为不规则形。镜面平直，镜身较薄，宽斜沿，缘较厚，镜面外区饰云纹，之外饰三道弦纹，中间对称填以竖短纹，再外为填纹中间以三角纹间隔。长9.1厘米、宽4.5厘米。15C4～4：6为窄平沿，缘较厚。镜面外区饰图案，并在图案外另饰一周竖在弦纹上对称饰一周竖短纹。长4.5厘米。15C4～4：33仅存镜缘。宽斜沿，镜缘较厚6厘米。镜缘厚0.3厘米。15D1～1：1只存镜缘。弧形。宽沿，镜面较厚。镜面外区饰两道弦纹，中间对称填以竖短线纹，厚0.2厘米。直径8.4厘米、厚0.2厘米。15D1～1：2为三角形。15D1～1：2缘较厚。镜缘纹饰。宽沿，缘纹饰。镜面外区一道回弦纹，镜缘外区残饰以祥云端草、边缘残存"宜子"二字。长10.7厘米、宽7.3厘米、厚0.2厘米。15C4～3：7为不规则形。镜身较薄，镜面平直，镜面外区饰五圈弦纹，镜缘对称饰短线纹。长3.8厘米、宽2.5厘米		

序号	名称	时代	出土地点	发现时间及来源	数量	完残情况	尺寸	器物描述	资料来源	备注
178	残镜	汉晋时期	巴州若羌县楼兰古城	2016 年 10—11 月采集	11	残	略	铜镜 1 件,残,三角形。镜面平直,缘较薄。镜面窄斜沿,之外饰三道弦纹,外区饰云纹。宽 4.7 厘米,镜身厚 0.3 厘米。残长 7.6 厘米,略呈扇形,镜面平直,镜身和镜缘较薄,镜面窄斜沿,镜钮中间穿孔,镜面外区饰连弧纹,连弧纹与镜钮中间为柿蒂纹。长 6.1 厘米,宽 5.6 厘米,缘厚 0.2 厘米;孔径 1.5 厘米,高 0.9 厘米,中间穿孔直径 0.5 厘米	新疆文物考古研究所:《2016 年度新疆楼兰古城遗迹交通与遗址群落调查报告》(上),《新疆文物》2017 年第 3 期	
179	残镜	汉晋时期	巴州若羌县楼兰古城	2016 年 10—11 月采集	11	残	略	略	新疆文物考古研究所:《2016 年度新疆楼兰古城遗迹交通与遗址群落调查报告》(下),《新疆文物》2017 年第 4 期	
180	连弧纹镜	汉晋时期	巴州且末县扎滚鲁克墓地 M133 出土	1998 年发掘出土	1	完整	直径 8.1 厘米	圆形,镜面呈弧形,外凸。青面半球状钮,有两道半圆纹,外缘有连弧纹,中部饰镰草纹	新疆维吾尔自治区博物馆、巴音郭楞蒙古自治州文物管理所:《1998 年扎滚鲁克第三期文化墓葬发掘简报》,《新疆文物》2003 年第 1 期	保存完好,面上有绿色的铜锈
181	有孔柄镜	西汉时期	巴州且末县扎滚鲁克墓地 M2 出土	1996 年发掘出土	1	完整	镜面直径 8 厘米,宽柄长 2 厘米,宽 1.9 厘米	96QZL:145N,素面,短柄,柄上有系眼,远端薄,柄的焊接端厚	新疆博物馆考古部、巴音郭楞蒙古自治州文物管理所:《且末扎滚鲁克二号墓地发掘简报》,《新疆文物》2002 年第 1—2 期	

序号	名称	时代	出土地点	发现时间及来源	数量	完残情况	尺寸	器物描述	资料来源	备注
182	残镜	汉晋时期	巴州且末县托盖曲根一号墓地	2013年5月发掘出土	2	残	M5:2 残长7厘米，宽5厘米，钮座叶纹钮座外厚0.15~0.2厘米，钮高0.6厘米；M10:2 残长7.1厘米，宽6.5，厚0.2~0.3厘米，钮高0.8厘米	M5:2 残，现仅存1/4部分。圆形、圆钮、蝙蝠状连弧纹圈带。根据蝙状分布情况，推测完整铜镜应为蝙状四叶纹钮座。八内向连弧纹为一周圈带。连弧纹外侧镜缘为素面宽带平缘。根据残存部分复原推测铜镜直径为9厘米。M10:2 圆形，仅存1/5部分。圆形、圆钮，四叶纹钮座、钮座外为一圈凸弦纹带，再外为内向连弧纹。镜缘为素面宽带，钮孔内残留有系带。根据残存部分复原推测铜镜直径为11.5厘米	新疆文物考古研究所：《且末县托盖曲根一号墓地发掘报告》，《新疆文物》2013年第3~4期	
183	连弧纹镜	汉晋时期	巴州且末县奥依拉克乡	1993年发掘出土	1	残	残长8.8厘米，残宽4.4厘米；一块长3厘米，残宽2.8厘米	铜镜残为两块，一块为圆形，复原直径16.3厘米，边厚0.5厘米，中部厚0.2厘米，镜边宽厚，有一穿孔，似为穿系之用。保存有纹饰和络文，由外圈向内依状为涡纹、短线纹，内向连弧纹同残留一铭文，因字残缺严重，不易辨认		

序号	名称	时代	出土地点	发现时间及来源	数量	完残情况	尺寸	器物描述	资料来源	备注
184	四乳四虺镜 1件	汉晋时期	巴州尉犁县营盘墓地	1995年发掘出土	1	完整	直径10.2厘米，厚0.3厘米	M7：5，镜作圆形。圆钮，圆钮座，宽素平缘。钮座外纹样依次为平素纹，四组以三条斜短线组成的放射状，平素纹和以两周细短斜线及弦纹饰的四组，四虺主题纹样中的四乳，在主题纹样中有四虺、八鸟以反云气纹和折线纹等。镜面平整光滑。	新疆文物考古研究所：《新疆营盘墓地1995年发掘报告》，《新疆文物》2001年第1-2期；新疆尉犁县营盘墓地1995年发掘简报》，《文物》2006年第2期	
185	"宜"字铭文镜	汉晋时期	巴州尉犁县营盘墓地	1995年发掘出土	1	残	复原直径7.3厘米。现残长7厘米，宽3厘米，厚0.3厘米	M31：5，仅剩圆形铜镜的1/3。圆形钮座，斜窄素缘。表面桥损极甚，最外面是两周呈放射状短线纹，铭文仅存放射状主题纹样。"宜"字两侧是由直线和曲线组成的花草纹	同上	
186	铁镜	汉晋时期	巴州尉犁县营盘墓地	1995年发掘出土	1	完整	直径9厘米，厚0.35厘米	M26：8，出土时置于连镜圆形。镜面无沿，素面平整，中间系一圆钮。钮孔内系有一条余状皮绳	同上	
187	"三"字铭文镜	汉晋时期	巴州尉犁县营盘墓地M7	1999年10—11月发掘出土	1	残	直径8.3厘米	M7：14，圆形钮，内区向外均匀放射出的四变形柿蒂纹内各有一汉字，现仅可看一"三"字。外区一周细弦纹为人内向连弧纹，圈带内原已破成两块，用铜片焊接修补过	新疆文物考古研究所：《新疆尉犁县营盘墓地1999年发掘简报》，《考古》2002年第6期	

序号	名称	时代	出土地点	发现时间及来源	数量	完残情况	尺寸	器物描述	资料来源	备注
188	菱形仙人骑鹤纹铜镜	宋代	巴州尉犁县托布协遗址	1989年采集	1	完整	最大直径10.9厘米，厚0.4厘米，钮高0.7厘米	铜镜完整。桥形钮，周有仙人骑鹤纹，外周连瓣纹夹蔓叶纹	馆藏	
189	残镜	不详	巴州孔雀河流域咸水泉古城北2公里处的1号墓地	2017年1—2月发掘出土	1	残	不详	出土有铜镜残片	胡兴军:《楼兰、鄯善郡城新考》，《新疆文物》2017年第2期	
190	残镜	汉晋时期	巴州和硕县红山红沟遗址	2015年7—8月发掘出土	2	残	不详	均残缺。2015HHM2:5仅残存镜区一角，带钮，短斜线纹，一周凹弦纹，两周短斜线之间有他似中原地区的四乳四虺镜。2015HHM2:12仅残存镜外区一角，其上为短斜纹，锯齿纹带及双线曲折纹	新疆文物考古研究所:《和硕县红山沟遗址考古发掘报告》，《新疆文物》2016年第2期	
191	四乳禽兽纹铜镜	汉晋时期	巴州焉耆县黑疙瘩墓葬	1963年发掘出土	1	完整	直径9厘米	铜镜圆形，镜面平整光滑，圆钮，圆钮座，宽素平素缘。钮座外缘纹饰依次为平素纹，四组以三条斜线和以两周细斜线及弦纹组成的四乳四虺主题纹样。在主题纹样中的四乳之间饰有四虺，八鸟以及云气和折线纹等	《巴音格楞蒙古自治州文物普查资料》，《新疆文物》1993年第1期	
192	昭明连弧纹铜镜	汉晋时期	巴州焉耆县黑疙瘩墓葬	1963年发掘出土	1	完整	直径9厘米	圆形	同上	
193	盘龙倭角方形铜镜	唐代	巴州博物馆库房东勒市	2018年征集	1	完整	直径13.5厘米，厚0.3厘米	方形，倭角，弓形钮，钮纽一龙卷曲飞腾	巴州博物馆馆藏	
194	规矩四神铜镜	东汉时期	巴州博物馆库房东勒市	2018年征集	1	完整	直径15.7厘米，厚0.8厘米	圆形，桥形钮，四神规矩	巴州博物馆馆藏	锈蚀，有铭文

序号	名称	时代	出土地点	发现时间及来源	数量	完残情况	尺寸	器物描述	资料来源	备注
195	折缘镜	魏晋十六国时期	阿克苏地区拜城克孜尔古墓	1990—1992年发掘出土	2	完整	直径12.8~13.4厘米	均圆形，拱钮，镜背有一狭直或斜缘	张平：《从克孜尔遗址和墓葬看龟兹青铜器的文化》，《新疆文物》1999年第2期	
196	铁镜	魏晋十六国时期	阿克苏地区库车友谊路魏晋十六国墓葬	2007年7月发掘出土	1	完整	直径9.6厘米	M3：16，圆形，正面微弧，背面平，中间有钮，已残	新疆文物考古研究所：《新疆库车友谊路晋十六国时期墓葬2007年发掘简报》，《文物》2013年第12期；《2007年库车县友谊路墓葬考古发掘简报》2013年第3－4期	
197	铁镜	魏晋十六国时期	阿克苏地区库车友谊路魏晋十六国墓葬	2010年发掘出土	1	完整	直径11厘米，厚0.3~1厘米，钮径2.3厘米，高0.5厘米	(M13：106)，圆形，圆钮，素面	新疆文物考古研究所：《库车县友谊路晋十六国时期墓葬2010年度考古发掘》，《新疆文物》2013年第3－4期	
198	连弧纹镜	魏晋十六国时期	阿克苏地区库车友谊路魏晋十六国墓葬	2010年发掘出土	1	完整	直径9厘米	圆钮，圆形钮座，座外饰一圈凹凸弦纹和内向八连弧纹，向外两周射线纹中夹饰一周铭文。觉素缘	新疆维吾尔自治区博物馆展厅陈列出	
199	铜镜	魏晋十六国时期	阿克苏地区库车友谊路墓葬	2021年发掘出土	3	残	M350：3，残径7.7厘米；M235：1，直径8.9厘米	M350：3，不规则形，M235：1，圆形	新疆文物考古研究所：《新疆库车友谊路墓群2021年度发掘简报》，《文物》2023年第3期	
200	铁镜	魏晋十六国时期	阿克苏地区库车友谊路墓葬	2021年发掘出土	3	残	M127：9，残径9.6厘米	平面为圆形	新疆文物考古研究所：《新疆库车友谊路墓群2021年度发掘简报》，《文物》2023年第3期	锈蚀严重
201	文字规矩镜	东汉时期	阿克苏地区博物馆	2017年征集	1	完整	直径18厘米	圆形规矩镜	阿克苏地区博物馆馆藏	
202	海兽葡萄纹残镜	唐代	温宿县卡依古遗址	采集	1	残	不详	只存1/2，纹饰模糊	阿克苏地区博物馆馆藏	锈蚀严重

序号	名称	时代	出土地点	发现时间及来源	数量	完残情况	尺寸	器物描述	资料来源	备注
203	无孔柄镜	青铜时代	喀什地区塔什库尔干县吉尔赞喀勒墓地	2013年发掘出土	2	完整	直径11.9厘米，梯形柄长2厘米	M11:11 残。呈圆形，一边带有梯形柄，钻有一孔。梯形柄长2～2.1厘米，宽0.9～2.6厘米，孔径0.3厘米	中国社会科学院考古研究所新疆工作队、新疆喀什地区文物局、塔什库尔干县吉尔赞喀勒墓地发掘简报，《新疆文物》2014年第1期	
204	平缘素面镜	青铜时代	喀什地区塔什库尔干县吉尔赞喀勒墓地	2014年发掘出土	1	完整	不详	圆形，素面	中国社会科学院考古研究所、新疆工作队、新疆喀什地区文物局、塔什库尔干县吉尔赞喀勒墓群（2014年）考古发掘简报，《新疆文物》2017年第4期	
205	乳钉纹单弦铜镜	唐代	喀什地区莎车县	征集	1	完整	直径12厘米	圆形，背面沿边有一凸起宽圆环纹，附环有排列规则的一圈乳钉纹。在内有一微凸细圆环纹，内非不规则的乳钉纹，正中有一微高固定手柄的圆扣	馆藏	
206	铭文镜	汉晋时期	和田地区洛浦县山普拉墓地	1983年发掘出土	2	完整	直径6.2厘米，边厚0.2厘米	M02:86 完整。经X射线探伤拍片后，从照片上可以看到纹饰和铭文。镜的边缘有16个内向连弧纹，兽钮。《诗经》四字铭文。"宜家常贵"，有"之子于归，宜其室家"，即取此意	新疆维吾尔自治区博物馆：《洛浦县山普拉古墓发掘报告》，《新疆文物》1989年第2期；《新疆文物·考古新收获》，第421～469页；新疆维吾尔自治区文物考古研究所：《中国新疆山普拉》，新疆人民出版社，2001	

序号	名称	时代	出土地点	发现时间及来源	数量	完残情况	尺寸	器物描述	资料来源	备注
207	四乳镜	汉晋时期	和田地区洛浦县山普拉墓地	1983年发掘出土	2	残	不详	两件皆残。1件仅剩缘部残块。另一件M02:92为圆形铜镜残的1/4。经X射线探伤的片后发现纹饰，应为四乳镜。圆钮，宽素缘。乳丁间有两圈弦纹，乳钉上下有两圈斜线纹饰。	新疆维吾尔自治区博物馆：《洛浦县山普拉古墓发掘报告》，《新疆文物》1989年第2期，《新疆文物考古新获》，第421-469页；新疆维吾尔自治区博物馆、新疆普山拉古墓研究所：《中国新疆山普拉》，新疆人民出版社，2001	
208	平缘素面镜	汉晋时期	和田地区洛浦县山普拉墓地	1983年发掘出土	3	残	M02:391/39较完整，直径9厘米，厚0.2~0.3厘米	共3件，其中两件置于梳镜袋中，经X射线验伤后残片，无纽。镜的边缘有小孔，孔长0.2厘米。可能为系绳之用。铜镜直径9~10.7厘米。皆锈蚀断裂。	同上	
209	"见日之光"铭文镜	汉晋时期	和田地区洛浦县山普拉古墓	1992年12月—1993年1月发掘出土	1	残	不详	汉式残镜1件，残。上铸铭文"见日之光"，推测其为西汉后期出现的日光镜，全铭为"见日之光，天下大明。"该镜出土时装在一个毛布包里，与其同在一起的还有木化妆棒——和一闭线卷。	肖小勇、郑渤秋：《新疆洛浦县山普拉古墓的新发现》，《西域研究》2000年第1期	
210	铭文镜	汉晋时期	和田地区民丰县尼雅遗址	1959年10月采集	3	完整1件，残2件	"君宜高官"镜，直径12.4厘米，钮胎高0.6厘米	采集"长（宜）子孙"汉镜残片1件。出土2件：一件铜镜重并已磨成"君宜高官"铜镜的镜衣。另有"君宜高官"铭文铜镜一套，钮作半球状，图案简单，镜体很薄，带有纽孔牙铜带一条，长25厘米。带有两个结头，原盛放在绣花绸袋内，放在橘篓的最上层	《尼雅遗址的重要发现》，《新疆社会科学》1988年第4期；《新疆文物考古新收获》，第413-420页；新疆维吾尔县自治中遗址--墓群汉合葬墓清理简报，《文物》1960年第6期	

序号	名称	时代	出土地点	发现时间及来源	数量	完残情况	尺寸	器物描述	资料来源	备注
211	残镜	汉晋时期	和田地区民丰县尼雅遗址NL遗址	1991年采集	1	残	残长2.8~3.4厘米，残宽1.3~1.8厘米，厚0.15~0.3厘米	铸造，仅存轮廓局部	新疆文物考古研究所：《1991年尼雅遗址调查简报》，《新疆文物》1996年第1期，《新疆文物考古新收获（续）》，第458-476页	
212	残镜	汉晋时期	和田地区民丰县尼雅93A10遗址	1988—1997年采集	9	残	略	镜9件，均为残片。表面已锈蚀。93C：14 矜缘，缘内饰两道凸弦纹，内填短斜线，外区饰大小不等的乳钉纹等。残长3.5厘米，94C：8 缘较厚0.2厘米。缘内饰两组凸弦纹，中间两组饰以圆圈纹，两组凸弦纹间平均饰以短似柳叶形纹，内区饰以素似柳叶形纹。内区残高6.4厘米，缘厚0.5厘米，94C：8 镜面厚0.3厘米。94C：8 镜面高3厘米，镜面厚0.25厘米。94C：12 宽缘，素面。94C：残高3.9厘米，残高0.25厘米，94C：2外区饰缘厚0.25厘米1.7厘米，94C：3表面饰成厘米，残高2.5厘米列回弦纹，缘厚0.2厘米，96C：16 略呈矩形，宽96C：16 略呈矩形，长2.5厘米，厚0.2厘米，95C：20圆形，背面正中有一拱形钮，弦纹饰乳丁纹，弦纹之间对称饰乳丁纹，花瓣缘。直径8.8厘米，钮径1厘米，高0.6厘米，95C：22外区高饰弦纹，残高5.6厘米，缘厚0.2厘米	中日尼雅遗址学术考察队：《1988—1997年民丰尼雅遗址考古简报》，《新疆文物》2014年第3-4期	

序号	名称	时代	出土地点	发现时间及来源	数量	完残情况	尺寸	器物描述	资料来源	备注
213	残镜	汉晋时期	和田地区民丰县尼雅93A9遗址	1988—1997年采集	4	残	略	镜4件，均为残片。96C：20 花瓣缘，边缘略厚。缘内有两周凸弦纹和乳钉纹，弦纹内饰同胴相等的短纹，高6.3厘米，缘厚0.5厘米。96C：7 镜面有纹饰，缘厚0.15～0.25厘米。96C：30 已残成数段。95C：9 仅存部分边缘，高2.5厘米，缘厚0.1厘米。	中日尼雅遗址学术考察队：《1988—1997年民丰尼雅遗址考古简报》，《新疆文物》2014年第3~4期	
214	残镜	不详	和田地区民丰县尼雅93A6遗址	1988—1997年采集	1	残	略	已残，表面锈蚀。95C：9 仅存残片略呈三角形。素面，宽缘2.3厘米，缘厚0.3厘米。	同上	
215	残镜	汉晋时期	和田地区民丰县尼雅92A11遗址	1988—1997年采集	1	残	直径10.2厘米，缘厚0.3厘米。桥形钮直径1.4厘米，镜面厚0.2厘米	镜1件（95C：5）。中部有桥形钮，边缘略厚，外区依次饰两道细弦纹，连弧纹	同上	
216	残镜	汉晋时期	和田地区民丰县尼雅92A9遗址	1988—1997年采集	1	残	长5.7厘米，宽3.5厘米	镜1件（92C：11）。边缘略厚，缘内呈半圆形，残存部分呈弧形。	同上	
217	残镜	汉晋时期	和田地区民丰县尼雅92B9遗址	1988—1997年采集	1	残	高8.8厘米	镜1件（97C：1）。残，锈蚀严重，外区饰乳钉纹，周围有一圈弦纹、花瓣缘，边缘略厚。	同上	
218	残镜	汉晋时期	和田地区民丰县尼雅93A35遗址	1988—1997年采集	1	残	残高3.9厘米，缘厚0.55厘米	镜1件（96C：43）。残，仅存边缘一小片，窄缘，内区饰短线纹，外区饰三角纹与波浪纹	同上	

156

157

序号	名称	时代	出土地点	发现时间及来源	数量	完残情况	尺寸	器物描述	资料来源	备注
219	残镜	汉晋时期	和田地区民丰县尼雅遗址97MNI墓地	1988—1997年采集	1	残	残长2.6厘米	镜1件（97C：7）。残，仅存两个残片。均略呈三角形，宽缘，纹饰已不清晰，其中一个残片上有乳钉纹	中日尼雅遗址学术考察队：《1988—1997年民丰尼雅遗址考古简报》，《新疆文物》2014年第3—4期	
220	残镜	汉晋时期	和田地区民丰县尼雅遗址一号墓地	1988—1997年采集	1	残	残高5.7厘米，缘厚0.5厘米	镜1件（97C：7）。仅存一小片。三角形缘，缘内饰三角形缘，波浪纹、短线纹与纹的组合	同上	
221	残镜	汉晋时期	和田地区民丰县尼雅遗址93MNI墓地	1988—1997年采集	5	残	略	镜5件。残，无法复原。93C：2边均为双式镜，边缘略厚，2边缘略厚。93C：17仅存半圆形缘，高3.5厘米，缘厚0.4厘米。95C：15缘略厚，缘高2.9厘米。96C：3缘厚0.3厘米。残存部分边缘，略厚。仅存部分三角缘弦纹。缘内有斜短线弦纹。93C：17仅存铜镜钮，高7.1厘米。中间部分。圆形饰凸弧纹。钮外饰儿道斜线纹，相外侧残存一枚乳钉纹。之间均匀分布斜线纹。残，钮直径1.2厘米。钮残2.2厘米。94C：12残存部分三角形，残高2.5厘米，厚0.2厘米	同上	
222	平缘素面镜	汉晋时期	和田地区民丰县北塔克拉玛干沙漠	1989年采集	1	完整	直径4.8厘米	铜质，C：15，圆形，中部略厚，薄缘、桥形小钮	于志勇、阿合买提·热西提：《民丰县北石油物探中发现的文物》，《新疆文物》1998年第3期	镜面见绿锈蚀斑

序号	名称	时代	出土地点	发现时间及来源	数量	完残情况	尺寸	器物描述	资料来源	备注
223	四兽纹铜镜	汉晋时期	和田地区民丰县尼雅遗址一号墓地船棺葬M5	1995年10月发掘出土	1	完整	直径9.4厘米	四兽纹铜镜 M5：8—8，圆形，圆钮，钮座分内外两区，一周凸棱外以内饰有龙、虎、熊、未其间饰奔四兽，外侧一圈乳钉，外区为一圈云纹，无锯齿纹	新疆文物考古研究所：《1995年民丰尼雅遗址一号墓地船棺葬》，《新疆文物》1998年第2期	
224	四乳简化博局镜	汉晋时期	和田地区民丰县尼雅遗址M8	1995年10月发掘出土	1	完整	直径7.4厘米，缘厚0.4厘米	M8：54，虎斑纹锦袋内纳铜镜一面，圆形、圆钮、红绢为带	新疆文物考古研究所：《新疆民丰县尼雅遗址95MN1墓地M8发掘简报》，《文物》2000年第1期；新疆遗址95NM1墓地8号墓发掘简报》，《新疆文物》1999年第1期	
225	龙凤纹铜镜	汉晋时期	和田地区民丰县尼雅遗址M3	1995年10月发掘出土	1	完整	直径9.2厘米	置于镜袋内，纳漆奁中，圆形、圆钮。圆座，钮内穿青铜绳带，镜背面纹饰以一道龙形纹。龙身卷曲，迎博圆球，龙嘴张开，一道段斜纹，龙形纹外为锯齿纹圈带，更外为曲波折线	新疆维吾尔自治区文物事业管理局、新疆维吾尔自治区博物馆、新疆文物考古研究所、新疆美术摄影出版社编《新疆历史文明集萃》，新疆美术摄影出版社，2009，第101页；新疆维吾尔自治区博物馆编《丝路瑰宝——新疆馆藏文物精品图录》，新疆人民出版社，2011，第171页	
226	残镜	汉晋时期	和田地区民丰县尼雅一号墓地M4	1995年10月发掘出土	1	残	钮径2.3厘米，高1.2厘米	铜镜1件，M4：20，汉存铜钮及边缘，圆钮，孔钉状，孔中存皮条	新疆文物考古研究所：《尼雅95墓地4号墓发掘简报》，《新疆文物》1999年第2期	
227	铜镜	公元前1000年前后	和田地区于田县流水墓地	2003—2005年发掘出土	1	不详	不详	M18铜镜	中国社会科学院考古研究所新疆队：《于田县流水墓地考古发掘简介》，《新疆文物》2006年第2期	

序号	名称	时代	出土地点	发现时间及来源	数量	完残情况	尺寸	器物描述	资料来源	备注
228	有孔柄镜	战国至西双时期	和田地区策勒县圆沙古城	发掘出土	1	完整	不详	素面，柄上有一孔	新疆维吾尔自治区博物馆馆藏	
229	叶脉纹柄镜	商代	和田地区博物馆克里雅河下游	采集	1	完整	通长27.5厘米，宽11.5厘米	镜面椭圆形，"T"形柄，背面饰有4组放射状斜线和两侧放射状"叶脉状"纹饰。柄部饰有小短线组成的平行折线纹	和田地区博物馆馆藏	
230	平缘素面镜	商代	和田地区博物馆克里雅河下游	采集	1	完整	直径10厘米，厚0.2厘米	圆形，素面	和田地区博物馆馆藏	
231	菱花镜	唐代	和田地区博物馆墨玉县喀木拉巴特佛寺遗址	采集	1	完整	不详	菱形	和田地区博物馆馆藏	
232	平缘素面镜	夏至周代	和田地区于田县博物馆	征集	1	完整	17.5厘米	圆形，素面	和田地区博物馆馆藏	
233	叶脉纹柄镜	夏至周代	和田地区博物馆	征集	1	残	柄残长11厘米	为椭圆形带柄铜镜，镜柄残断，镜背饰有4组由直线和两侧放射状斜线组成的叶脉状纹饰，镜背中心饰有圆形凸弦纹，弦纹外侧饰有18个小乳钉纹	和田地区博物馆馆藏	
234	双鱼纹柄镜	宋代	和田地区博物馆策勒县达玛沟	1995年征集	1	完整	直径9.9厘米，厚1厘米	红铜铸造，呈椭圆形钮，缘较高，桥形钮组，一圈凸纹，内有两条鱼相向而游	和田地区博物馆馆藏	
235	铭文镜	宋代	和田地区博物馆	征集	1	完整	不详	圆形，上有"早生贵子"铭文	和田地区博物馆馆藏	
236	十二生肖铜镜	宋代	和田地区策勒县达玛沟	征集	1	完整	直径7.6厘米，厚0.4厘米	为圆形铜镜，一圈弧旋纹，有十二生肖图案，内书写十二地支，桥形钮组	和田地区博物馆馆藏	

序号	名称	时代	出土地点	发现时间及来源	数量	完残情况	尺寸	器物描述	资料来源	备注
237	平缘素面镜	宋代	和田地区于田博物馆	征集	1	完整	不详	圆形，素面，桥形钮		和田地区博物馆藏
238	有孔柄镜	春秋战国时期	伊犁州新源县铁木里克古墓群	1981—1982年发掘出土	2	完整	M4:2镜面直径14.9厘米，厚0.4厘米，柄长10厘米，宽3.2厘米；M6:3镜面直径15厘米，厚0.6厘米，柄长8.3厘米，宽2.8厘米，柄孔直径0.6厘米	M4:2上面中部稍凹，带柄，略弯曲，柄端有一直径0.8厘米的小孔；M6:3形制与M4:2基本相同，唯上面平直	新疆考古研究所：《新源铁木里克古墓群发掘报告》，《文物》1988年第8期；《新疆考古新收获》(1979—1989)，新疆人民出版社第153-158页；《草原天马游牧人》，伊犁人民出版社，2008，第75页	
239	平缘素面镜	汉代	伊犁州新源县巩乃斯种羊场石棺墓	1978年发掘出土	1	完整	镜面直径7.5厘米，厚0.2厘米	素面。呈圆形，镜边缘一处稍突出，中间孔稍大，孔径0.7厘米，两边为0.2厘米小，其中一个小孔是铁锈微微突出，似为铆钉，推测两个小孔上原装有柄或其他饰物	新疆社会科学院考古研究所：《新源新疆巩乃斯种羊场石棺墓》，《考古与文物》1985年第2期；《新源巩乃斯种羊场考古石棺收获》，《新疆文物》，第330-334页	
240	平缘素面镜	汉代	伊犁州新源县别斯托别墓地	2010年10月发掘出土	1	完整	直径14.2厘米，厚约0.1厘米	铜镜（M2:2），素面，圆形	新疆文物考古研究所：《新源县别斯托别墓地考古发掘报告》，《新疆文物》2012年第2期	
241	长柄镜	青铜时代	伊犁州新源县阿尤赛沟墓地	2012年4—5月发掘出土	1	完整	柄长14.5厘米，宽2.2厘米，镜面直径18.2厘米，厚0.4—0.6厘米	铜镜（M3:2），素面，带柄，背面中部微凹陷，镜面与柄分节铸后镶接而成	新疆文物考古研究所：《新源县阿尤赛沟墓地考古发掘报告》，《新疆文物》2013年第2期	
242	有孔柄镜	战国时期	伊犁州新源县加哈村墓2号墓	2012年5月发掘出土	1	完整	直径12.1厘米，厚0.2厘米，柄长1.5厘米	圆形，素面，长方形柄，柄上有一圆孔	新疆文物考古研究所：《新源县加哈村墓地发掘报告》，《新疆文物》2017年第1期	
243	折缘镜	战国时期	伊犁州新源县	发掘出土	1	完整	直径14.31厘米	圆形，素面，折沿	2018年入馆	

序号	名称	时代	出土地点	发现时间及来源	数量	完残情况	尺寸	器物描述	资料来源	备注
244	如意镂空猴纹镜	元代	伊犁州新源县	2014 年征集	1	完整	直径 12.5 厘米	圆形，桥形钮，八角形钮座，座外饰一圈凸弦纹。与镜缘间饰一圈卷枝纹，镜缘外一圈是 10 只首尾相连的猴子	新源县博物馆收藏	
245	折缘镜	春秋战国时期	伊犁州 G218 沿线（新源段）墓葬	2017 年 5—9 月发掘出土	2	完整	2017XA1M3a:3，直径 11.2 厘米；2017XA2M6:2，直径 14.3 厘米	2017XA1M3a:3，圆形，无钮，卷沿，直径 11.2 厘米；2017XA2M6:2，圆形，桥形钮，卷沿，直径 14.3 厘米	新疆文物考古研究所、北京联合大学、伊犁师范大学、伊犁州文物局：《新源（新源段）》，《新疆伊犁州 G218 沿线昆莽考古》第 1 辑（据），《新疆》盖莽考古出版社，2021，第 200—242 页	
246	乳钉纹镜	战国时期	伊犁州 G218 沿线（新源段）墓葬	2017 年 5—9 月发掘出土	1	完整	直径 10.3 厘米	XT6M3A:9，圆形，桥形小钮，背面有三道弦纹，一、二道弦纹之间均匀分布 8 个乳钉纹	同上	
247	无孔铜镜	战国—汉代	伊犁州 G218 沿线（新源段）墓葬	2017 年 5—9 月发掘出土	1	完整	直径 12 厘米，柄长 9.8 厘米	2017AKSM1:2，圆形镜面，长条形柄	同上	
248	平缘素面镜	早期铁器时代	伊犁州尼勒克县努拉克遗址	发掘出土	1	完整	直径 9 厘米	2003YNQM97:1 边缘裂开	伊犁州博物馆收藏	
249	无孔铜镜	春秋战国时期	伊犁州尼勒克县吉林台库区墓葬	2001—2004 年发掘出土	1	完整	不详	素面，柄较长	新疆维吾尔自治区文物事业管理局、新疆维吾尔自治区文物考古研究所、新疆维吾尔自治区博物馆、新疆美术摄影出版社编《新疆历史文明集粹》，新疆美术摄影出版社，2009	
250	平缘素面镜	春秋战国时期	伊犁州尼勒克县别特巴斯古墓	2003 年发掘出土	1	完整	直径 10 厘米	圆形，素面	《草原天马游牧人》，伊犁人民出版社，2008	

序号	名称	时代	出土地点	发现时间及来源	数量	完残情况	尺寸	器物描述	资料来源	备注
251	无孔柄镜	春秋战国时期	伊犁州尼勒克县别特巴斯古墓	2003年发掘出土	1	完整	通长16.7厘米，直径10.5厘米	圆形，一竖置长柄	王林山：《草原天马游牧人》，伊犁人民出版社，2008	
252	有孔柄镜	早期铁器时代	伊犁州尼勒克县一级电站东麦里塞地	2009年5~7月发掘出土	1	完整	镜面直径9.4厘米，柄长5.4厘米，宽2.2厘米	M27：1，青铜质，锈蚀严重。圆形带柄，柄成长条形，一面缘端有一穿孔钮	新疆文物考古研究所：《尼勒克县一级电站东麦里塞地发掘简报》，《新疆文物》2012年第2期	
253	残镜	唐代	伊犁州尼勒克县汤巴勒萨伊墓地M22	2010年5~6月发掘出土	1	残	不详	M22：6，圆形，现残为三角形。花朵纹，宽平缘，尖端饰作基挂，曾作一穿孔钮	新疆文物考古研究所：《新疆伊犁尼勒克县汤巴勒萨伊墓地发掘简报》，《文物》2012年第5期；新疆文物考古研究所《尼勒克县汤巴勒萨伊墓地发掘报告》，《新疆文物》2012年第2期	
254	平缘素面镜	春秋战国时期	伊犁州尼勒克县吉仁台海塞地	2003年发掘出土	1	完整	直径8.8厘米	圆形，素面	王林山：《草原天马游牧人》，伊犁人民出版社，2008	
255	平缘素面镜	战国晚期至西汉前期	多尔布津墓地M4	2013年5~6月发掘出土	1	完整	直径17厘米，中部厚0.5厘米	圆形，素面	新疆文物考古研究所：《尼勒克县多尔布津墓地发掘报告》，《新疆文物》2014年第1期	
256	有孔柄镜	秦汉时期	伊犁州尼勒克县乌吐兰墓地	2014年8~9月发掘出土	1	完整	直径9.9~10.7厘米，柄长3.6厘米，宽2.4厘米，孔径0.9~1.4厘米，厚0.1厘米	M4B：1，镜面椭圆形，方柄，柄端铸一孔	新疆文物考古研究所：《2014年尼勒克县乌吐兰墓地发掘报告》，《新疆文物》2015年第2期	
257	带柄镜	早期铁器时代	伊犁州尼勒克县阿克布早沟	2001—2004年发掘出土	1	残	通长9.4厘米，直径8厘米	柄残缺	馆藏	
258	无孔柄镜	青铜时代	伊犁州尼勒克县吉仁台沟口遗址	发掘出土	1	完整	直径9.5厘米，柄长4.3厘米	距今3600—3000年	博物馆展厅	

序号	名称	时代	出土地点	发现时间及来源	数量	完残情况	尺寸	器物描述	资料来源	备注
259	平缘素面镜	早期铁器时代	伊犁州墩那高速公路沿线尼勒克段古代墓葬	2017年发掘出土	1	残	直径7.9厘米、厚0.3厘米	ⅡM34：9，残，圆形	新疆文物考古研究所、中国人民大学考古文博系、伊犁州文物局、尼勒克县文物局：《新疆伊犁州墩那高速公路沿线尼勒克段古代墓葬的发掘》，《新疆考古》（第一辑），科学出版社，2021，第243~268页	
260	长柄镜	早期铁器时代	伊犁州尼勒克县萨尔布拉克沟古墓	发掘出土	1	完整	通长34厘米、直径20.5厘米	圆形，一端置长柄	祁小山、王博：《丝绸之路·新疆古代文化》，新疆人民出版社，2008，第251页	
261	铜镜	早期铁器时代	伊犁州特克斯县铁里氏盖山	1961年发掘出土	2	完整	不详	不详	王炳华：《特克斯县出土的古代铜器》，《文物》1962年第7~8期	特克斯县四公社修建铁里氏盖山灌渠工程中发现2件
262	带柄镜	早期铁器时代	伊犁州特克斯县恰甫其海水库墓群叶什列克古墓	2000年发掘出土	4	完整	不详	圆形，一端置柄	馆藏	
263	山羊柄镜	战国时期	伊犁州特克斯县恰甫其海水库墓群叶什列克古墓5号墓	2003年9月发掘出土	1	完整	镜面直径10.6厘米、厚0.2厘米，通长17.5厘米	AM5：2，圆形，带柄，柄端立一圆雕的北山羊雕像，大而弯的双角、短尾、肥硕的脑袋，健壮的四肢，十分精确地把握了北山羊的形态特征。羊背部有一个小纽	新疆文物考古研究所、伊犁州文物管理所、特克斯县叶什克列兄墓葬发掘组，《特克斯县发掘简报》，《新疆文物》2005年第3期；《草原天马游牧人》，伊犁人民出版社，2008；新疆维吾尔自治区文物事业管理局、新疆维吾尔自治区博物馆、新疆龟兹尔石窟研究所、新疆维吾尔自治区博物馆、新疆龟兹尔石窟研究所、新疆维吾尔自治区博物馆，新疆美术摄影出版社，2009，第65页	

序号	名称	时代	出土地点	发现时间及来源	数量	完残情况	尺寸	器物描述	资料来源	备注
264	折缘镜	早期铁器时代	伊犁州特克斯县阔克苏西2号墓群	2010年6—8月发掘出土	2		M47:1，直径9.3厘米，厚0.5厘米，M59:1，直径8.2厘米，厚0.2厘米	圆形，桥形钮，M47:1，微折沿，形体厚重，M59:1，中部稍厚，边缘处略残缺	新疆文物考古研究所：《新疆特克斯县阔克苏西2号墓群的发掘》，《考古》2012年第9期；《特克斯县阔克苏西2号墓群考古发掘简报》，《新疆文物》2012年第2期	
265	平缘素面镜	汉代	伊犁州特克斯县喀甫萨朗4号墓群	2010年发掘出土	1	完整	直径9厘米，厚0.3厘米	圆形，素面	馆藏，2010年入人馆	
266	有孔柄镜	战国时期	伊犁州特克斯县喀甫萨朗4号墓群	2010年发掘出土	1	完整	直柄铜镜，直径9.2厘米，柄长3.5厘米	圆形，一端置柄	同上	
267	有孔柄镜	战国时期	伊犁州特克斯县喀甫萨朗4号墓群	2010年发掘出土	1	完整	直径8.7厘米，柄长4.8厘米	圆形，一端置柄	同上	
268	折缘镜	公元前后—公元3、4世纪	伊犁州巩留县山口水库墓地	2004年8月，2005年5—6月发掘出土	1	稍残	直径15.6厘米，厚不足0.2厘米	M11:1，圆形，素面，略有残损，镜缘向外微翻卷，器壁较薄	新疆文物考古研究所：《2005年度伊犁巩留县山口水库墓地考古发掘报告》，《新疆文物》2006年第1期	
269	许由巢父故事镜	金代	伊犁博物馆察布查尔县	征集	1	完整	直径11厘米，缘厚0.4厘米，柄长9.5厘米，柄宽2.1~2.4厘米	圆形，一端置一长柄。镜背上方饰有树木，下方一条小河，上游河边坐一着人，右手抱至耳边，下游处一人牵牛，此即许由巢父的故事	伊犁地区博物馆李耕耘：《伊犁发现的三面古代铜镜》，《新疆文物》1995年第3期；《草原天马游牧人》，伊犁人民出版社，2008，第113页	
270	瑞兽葡萄纹镜	唐代	伊犁州察布查尔县爱新舍里	出土	1	完整	直径17.5厘米	圆形，镜中部略残缺	《草原天马游牧人》，伊犁人民出版社，2008，第94页	
271	八瓣菱花镜	唐代	伊犁州昭苏县阿达拉乡	征集	1	完整	最大直径10.7厘米，缘厚0.2厘米	八出瓣菱花形，有钮，无钮座，以凸起的单线圈界分内外区	伊犁地区博物馆李耕耘：《伊犁古代铜镜—伊犁发现的三面古代铜镜》，《新疆文物》1995年第3期	

164

165

序号	名称	时代	出土地点	发现时间及来源	数量	完残情况	尺寸	器物描述	资料来源	备注
272	仙人龟鹤纹柄镜	金代	伊犁州巩留县弓城	征集	1	完整	直径9.1厘米，缘厚0.4厘米	圆形，有柄（残缺）。镜中树下坐一仙人，后立一侍者，纽下有龟鹤、花草，左上方有一太阳，一大雁在云中展翅飞翔	馆藏	
273	鹤草纹铜镜	元代	伊犁州伊宁县弓月城	出土	1	完整	直径20.6厘米	圆形，圆纽，镜背主纹饰仙鹤和藤草，宽素缘	王林山：《草原天马游牧人》，伊犁人民出版社，2008，第113页	
274	铜镜	唐代	伊犁州博物馆	征集	1	完整	直径8厘米	圆形，纽缺失，方形纽座，似蟠螭纹镜	馆藏	
275	折缘镜	汉代	伊犁州博物馆尼勒克县乌赞乡7村	征集	1	残	直径13.5厘米	圆形，素面，折沿，边缘残缺	馆藏	
276	浮雕铜镜	清代	伊犁州博物馆	征集	1	完整	直径7.8厘米	圆形，镜背有浮雕图案	馆藏	
277	无孔柄镜	战国时期	伊犁州博物馆伊宁市	2016年征集	1	完整	直径11.8厘米，通长16厘米	圆形，素面，带柄	馆藏	
278	长柄镜	战国至汉代	塔城地区乌苏市四棵树墓群	2015年10月发掘出土	1	完整	直径16.6厘米，柄长11厘米	镜面呈圆形，柄呈梯形，镜纽背面由两道阴线组成3个同心圆纹饰	新疆文物考古研究所：《2015年乌苏市四棵树墓群考古发掘报告》，《新疆文物》2016年第1期	
279	无孔柄镜	战国至汉代	塔城地区乌苏市四棵树墓群	2002年发掘出土	1	完整	不详	镜面呈圆形，短柄，镜背面有一圈阴线	新疆文物考古研究所藏	
280	无孔柄镜	战国时期	塔城地区乌苏市	人民法院移交	1	完整	直径14厘米，柄长4厘米，通长18厘米	圆形，素面，一端置柄	馆藏	
281	折缘镜	早期铁器时代	塔城地区额敏县白杨河墓地	2010年9月发掘出土	2	完整	M20：1直径8.7厘米，壁厚0.8厘米，M31：1直径15.3厘米，厚0.3厘米	M20：1 通体锈蚀，折沿，桥形纽，造型中孔，M31：1 桥形纽，素面	新疆文物考古研究所：《塔城白杨河墓地考古简报》，《新疆文物》2012年第2期	

序号	名称	时代	出土地点	发现时间及来源	数量	完残情况	尺寸	器物描述	资料来源	备注
282	折缘镜	早期铁器时代	塔城地区裕民县阿勒腾也木勒水库墓地	2011年5—6月发掘出土	2	完整	M6：1，直径12.4厘米，沿高；M17：1直径15.5厘米，边沿高1厘米	M6：1，圆形，折沿，沿向内收，弓形钮，高1.1厘米。M17：1，圆形，镜面光滑，弓形钮，钮上有两道弦纹，沿向内收，钮高1.4厘米。折沿，素面	新疆文物考古研究所：《裕民县阿勒腾也木勒水库墓地考古发掘报告》，《新疆文物》2012年第3—4期	
283	平缘素面镜	汉晋时期	塔城地区裕民县阿勒腾也木勒水库墓地	2011年5—6月发掘出土	1	完整	镜面光滑直径7厘米，厚0.2厘米	M48：1，圆形，弓形钮，素面	同上	
284	折缘镜	春秋战国时期	塔城地区托里县铁厂沟阿勒帕萨勒干墓地M2	2017年6—7月发掘出土	1	完整	直径14厘米，沿高1.7厘米	圆形，折沿，沿微向外撇，素面，中部有桥形钮，锈蚀严重	新疆文物考古研究所：《克一塔铁路沿线路墓葬考古发掘报告》，《新疆文物》2018年第1—2期	
285	折缘镜	战国时期	塔城地区额敏东沟镇春秋牧场古墓葬	发掘出土	1	完整	直径14.9厘米	圆形，折沿，桥形钮	馆藏	
286	折缘镜	青铜时代	塔城地区沙湾宁家河水库墓地	2011年6—8月发掘出土	1	完整	直径9.6厘米，折沿高0.7厘米，钮长2.6厘米，宽1.5厘米，高1.1厘米	圆形，素面，折沿	新疆文物考古研究所：《沙湾宁家河水库墓地发掘简报》，《文物》2020年第4期	
287	平缘素面镜	春秋战国时期	塔城地区沙湾宁家河水库墓地	2011年6—8月发掘出土	2	完整	M112：1直径7.4厘米，厚0.15厘米，孔径0.2厘米；M112：9长5.7厘米，宽4厘米，厚0.2厘米	圆形，素面	同上	
288	海兽葡萄纹镜	清代	塔城地区博物馆	征集	1	完整	直径16.5厘米，厚1.5厘米	圆形，镜面主题纹饰是禽鸟端章、葡萄纹	馆藏	

序号	名称	时代	出土地点	发现时间及来源	数量	完残情况	尺寸	器物描述	资料来源	备注
289	龟鹤齐寿长柄铜镜	清代	塔城地区塔城市下喀浪古尔村	征集	1	完整	通高20厘米，柄长9.5厘米，直径11厘米，厚度0.5厘米	为清朝仿宋制铜镜，神仙人物故事重，此铜镜，造型别致，背面纹饰是龟鹤文，以镜背图别致，构图别致，神仙人物故事，有一展翅飞翔的仙鹤，纽为中心，纽右边站立一位老者	馆藏	
290	海兽葡萄纹镜	清代	塔城地区博物馆	征集	1	完整	通高0.5厘米，直径10.1厘米	伏兽纽。一周高凸弦纹将镜背纹饰分为内外两区。内区四只绕纽相间奔走的瑞兽，其间饰葡萄蔓枝叶实，外区葡萄蔓枝叶实同分布飞禽	馆藏	
291	双龙纹镜	清代	塔城地区额敏县	征集	1	完整	直径9厘米	圆形，圆钮。钮左右饰双龙，钮上下饰火珠和花卉	馆藏	
292	折缘镜	战国时期	阿勒泰地区阿勒泰市克木齐古墓葬22号墓	1963年发掘出土	1	完整	直径6厘米	平素无纹，弓钮无座	新疆社会科学院考古研究所：《克尔木齐古墓群发掘简报》，《文物》1981年第1期；《新疆文物考古新收获（1979—1989）》，新疆人民出版社，第176—185页	
293	折缘镜	早期铁器时代	阿勒泰地区哈巴河县哈拜汗墓地	2012年8—10月发掘出土	1	完整	直径9厘米，高1.5厘米	HM3：2，圆形，素面，折沿，桥形钮	新疆文物考古研究所：《哈巴河加朗尕什墓地、哈拜汗墓地考古发掘报告》，《新疆文物》2013年第2期	
294	带柄镜	汉代	阿勒泰地区哈巴河县喀拉苏墓地	2014年5—7月发掘出土	2	完整	直径16.9厘米，柄长9.9厘米，柄宽3.3厘米	圆形，一端置柄	于建军、胡望林：《2014年新疆哈巴河县喀拉苏墓地发掘新收获》，《西域研究》2015年第1期，第132页	
295	折缘镜	战国—西汉时期	阿勒泰地区布尔津县也拉曼墓	2011年4—6月发掘出土	1	完整	钮长1.7厘米，宽0.5厘米，镜面直径8.1厘米，厚0.5厘米	M5：1，素面，平面呈圆形，边缘上折，中部有扁平桥形钮	新疆文物考古研究所：《布尔津县也拉曼墓葬考古发掘简报》，《新疆文物》2017年第4期	

序号	名称	时代	出土地点	发现时间及来源	数量	完残情况	尺寸	器物描述	资料来源	备注
296	瑞兽纹铜镜	唐代	阿勒泰地区布尔津县博物馆	征集	1	完整	直径16.5厘米	伏兽钮，有内外两区。内区四只绕钮相向奔走的瑞兽，其间葡萄蔓枝叶实。外区葡萄蔓枝叶实间分布飞禽	阿勒泰地区文物局，阿勒泰地区博物馆：《狩猎游牧黄金道》，新疆科学技术出版社，2015，第230页	
297	许由巢父故事铜镜	宋辽时期	阿勒泰地区布尔津县博物馆	征集	1	完整	直径11.2厘米	圆形。圆钮。房屋隐现，山上山下点缀树木，钮下溪边许由跨坐洗耳，父卒牵牛而立	同上书，第229页	
298	平缘素面镜	不详	阿勒泰地区布尔津县博物馆	征集	1	完整	直径11厘米	圆形，素面	同上书，第230页	
299	有孔柄镜	公元前3世纪—公元前后	阿勒泰县萨尔乌选戈尔墓地	2006年8—9月，2008年7—8月	1	完整	直径5.5厘米，高9厘米	M21:2，镜面及背面均无纹饰，边缘较薄。直柄，柄部尾端有一椭圆形钻孔	新疆文物考古研究所：《富蕴县萨尔乌选戈尔墓地发掘报告》，《新疆文物》2015年第1期	
300	虎纹具柄镜	早期铁器时代	阿勒泰地区富蕴县海子口墓地M10	发掘出土	1	完整	直径6.8厘米。有短侧柄，长1.7厘米，宽3厘米。柄部正中有一长圆孔，孔长1.3厘米，宽0.6厘米	圆形，中部略厚，镜背薄，镜青面中部浅刻一虎形图案	新疆文物管理局，富蕴县文物管理所：《富蕴县海子口墓地考古发掘简报》，《新疆文物》2015年第3-4期	
301	长柄镜	宋代	青河县查干郭勒乡加尔塔斯墓	发掘出土	1	完整	通长15厘米，直径8厘米	圆形，一端长柄	馆藏	
302	飞鸟葡萄纹铜镜	宋代	阿勒泰地区博物馆藏	征集	1	完整	直径9.4厘米	圆形。桥形钮，钮外饰两圈凸弦纹，其间饰飞鸟葡萄纹，窄素缘	阿勒泰地区文物局，阿勒泰地区博物馆：《狩猎游牧黄金道》，新疆科学技术出版社，2015，第205页	
303	仙人龟鹤带柄铜镜	辽代	阿勒泰地区博物馆藏	征集	1	完整	直径9.4厘米，厚2.8厘米，柄长8.5厘米	圆形。镜主纹饰为仙人立于镜中，侍者立于右后，鹤飞于上，柄者边缘凸起	同上书，第227页	

序号	名称	时代	出土地点	发现时间及来源	数量	完残情况	尺寸	器物描述	资料来源	备注
304	乐器纹带柄铜镜	宋代	阿勒泰地区博物馆藏	征集	1	完整	全长 14.5 厘米，直径 7.8 厘米	圆形，一端置柄，柄已残，镜内饰满各种乐器，窄素缘	阿勒泰地区文物局、阿勒泰地区博物馆：《狩猎游牧黄金道》，新疆科学技术出版社，2015，第 228 页	
305	四花纹铜镜	宋代	阿勒泰地区博物馆藏	征集	1	完整	直径 10.5 厘米	圆形，圆钮，外饰两圈连珠纹，其间夹四朵花卉，窄素缘	同上书，第 231 页	
306	柳毅传书铜镜	辽代	阿勒泰地区博物馆藏	征集	1	完整	直径 9.4 厘米	圆形，宽沿，中心有钮，正面有纹饰，反面光素，纹饰为人物、动物、树组成的画面，《柳毅传书》故事中的一个内容	同上书，第 228 页	
307	犀牛望月带柄铜镜	元代	阿勒泰地区博物馆藏	征集	1	残	通长 12.8，直径 9.2 厘米	圆形，一端置柄，柄和镜边缘残，镜背下部饰海水，左侧浮雕树木，2 头牛站在岸边抬头远望	馆藏	
308	海兽葡萄纹铜镜	唐代	新疆维吾尔自治区博物馆米泉县	1982 年采集	1	完整	直径 10.4 厘米，厚 1.1 厘米	伏兽钮，一周高凸弦纹将镜背纹饰分为内外两区。内区四只绕钮相向奔走的瑞兽，其间饰葡萄蔓叶叶实，外区葡萄蔓枝叶实间分布飞禽云花纹缘	新疆维吾尔自治区文物事业管理局、新疆维吾尔自治区文物考古研究所、新疆维吾尔自治区博物馆编《新疆美术摄影社出版明集粹》，新疆美术摄影出版社，2009，第 201 页	
309	连弧纹日光铜镜	汉代	新疆维吾尔自治区博物馆台县	1972 年 6 月征集	1	完整	直径 8.6 厘米，厚 0.35 厘米	圆形，圆形钮座，座外八连弧纹，向外两周射线，纹中夹饰一周铭文。宽素缘	馆藏	
310	乳钉纹铜镜	唐代	新疆维吾尔自治区博物馆伊犁海关	征集	1	完整	直径 12.91 厘米，厚 0.5 厘米	圆形，圆钮，圆座，钮座外围以双线方框，框外四边八乳钉纹，外饰斜线纹一圈，与边缘同饰勾连云气纹。窄素缘	馆藏	

序号	名称	时代	出土地点	发现时间及来源	数量	完残情况	尺寸	器物描述	资料来源	备注
311	"金榜题名"镜	明代	新疆维吾尔自治区博物馆乌鲁木齐废品站	1973年征集	1	完整	直径24.5厘米，厚1.2厘米	圆形，圆钮。镜内有四方框，"金榜题名"四字按上、下、右、左排在框内，字间同以花卉	馆藏	
312	龙纹铜镜	明代	自治区博物馆	1973年征集	1	完整	直径10.7厘米，厚0.6厘米	圆形，三山钮，素缘，钮台有一龙飞腾于云中，身躯蜿蜒盘曲而上，前肢伸张，龙首有一如意云头，左右肢与尾相缠，云雾缭绕，弧线地纹隐现有表海水翻滚。钮左侧有款"洪武二十二正月日造"篆书铭文	馆藏	
313	仙鹤人物多宝镜	明代	自治区博物馆	1973年征集	1	完整	直径11.6厘米，厚0.8厘米	圆形，银锭形钮，钮周围为持宝人物和宝物，上端托龛中为一飞翔状仙鹤	馆藏	
314	双龙纹铜镜	明代	自治区博物馆	1973年征集	1	完整	直径13厘米，厚0.7厘米	圆形，圆钮，钮左右饰双龙对峙，钮上饰双龙头同饰一火珠，钮下饰一丛花卉	馆藏	
315	双龙纹铜镜	明代	自治区博物馆	1973年征集	1	完整	直径12.5厘米，厚0.6厘米	圆形，圆钮，钮左右饰双龙对峙，钮上饰双龙头同饰一火珠，钮下饰一丛花卉	馆藏	
316	海兽葡萄镜	明代	自治区博物馆乌鲁木齐市文化馆	征集	1	完整	直径9.5厘米，厚1厘米	圆形，圆钮，圆座。钮外四边饰方框，框外围以双线乳钉及博局纹，外饰斜线纹一圈，与边缘间饰勾连云气纹，素卷缘。	馆藏	

序号	名称	时代	出土地点	发现时间及来源	数量	完残情况	尺寸	器物描述	资料来源	备注
317	海兽纹铜镜	唐代	新疆维吾尔自治区博物馆乌鲁木齐市	征集	1	完整	直径10厘米，厚0.7厘米	圆形，圆形钮座。圆钮，圆形钮座，其外饰一圈海兽，一圈短斜射线纹，一圈三角锯齿纹，素缘	馆藏	
318	仙鹤人物多宝镜	明代	新疆维吾尔自治区博物馆乌鲁木齐市	征集	1	完整	直径10厘米，厚0.7厘米	圆形，银锭形钮，钮周围为持宝人物和宝物，上端礼能中为一飞翔状仙鹤	馆藏	
319	钟形铜镜	清代	新疆维吾尔自治区博物馆乌鲁木齐市	征集	1	完整	13.3×8.9厘米，厚0.4厘米	外形为钟形，无钮，素缘	馆藏	
320	"百寿团圆"镜	明代	新疆维吾尔自治区博物馆	征集	1	完整	直径24厘米	圆形，圆钮。镜内圆方框，"百寿团圆"四字按上、下、右、左排在框内，字间间以花卉	馆藏	
321	海兽葡萄纹铜镜	唐代	新疆维吾尔自治区博物馆乌鲁木齐市文化馆	征集	1	完整	直径9.5厘米	圆形，圆钮，圆形钮座，其外饰一圈海兽，一圈短斜射线纹，一圈三角锯齿纹，素缘	馆藏	
322	有孔柄镜	战国时期	新疆兵团军垦博物馆石河子乡	征集	1	完整	柄长2.2厘米，柄宽1.6~2.2厘米，径长7.4~7.9厘米	圆形，素面，环柄	刘静:《石河子历史遗迹及馆藏文物概览》，新疆生产建设兵团出版社，2016，第108页	
323	仙山人物镜	元代	新疆兵团军垦博物馆	征集	1	完整	直径12.8厘米	圆形，圆钮	同上书，第168页	
324	铜镜	宋代	新疆兵团军垦博物馆	征集	1	完整	直径8.5厘米		馆藏	

二、中瑞西北考查团成员黄文弼先生在新疆考察时发掘、采集的铜镜

序号	出土地点	出土时间	数量	器物描述	资料来源
1	罗布淖尔	1930年4月20日	1	残块铜镜。由铜镜之边，可决定其为汉式物无疑也	黄烈编《罗布淖尔古简记》，载《黄文弼蒙新考察日记（1927—1930）》（第四辑），文物出版社，1989，第364页
2	库尔勒附近，焉耆四十里城市旧城	1928年7月2日	1	出铜镜1	黄文弼编《黄文弼蒙新考察日记（1927—1930）》，文物出版社，1990，第214页；黄文弼：《塔里木盆地考古记》，科学出版社，1958，第6页
3	库尔勒附近	1928年7月3日	1	出铜镜1	黄烈编《黄文弼蒙新考察日记（1927—1930）》，文物出版社，1990，第214页
4	罗布泊岸边古墓葬	1929年4月21日	1	残块铜镜1件，镜为宽边，似天马葡萄镜之残破者，汉物	黄烈编《黄文弼蒙新考察日记（1927—1930）》，文物出版社，1990，第541页
5	罗布泊岸边古墓葬	1929年4月22日	1	拾汉铜镜碎片	同上

三、外国探险家在新疆地区盗掘、购买、采集铜镜一览表

序号	出土地点（方式）	出土时间	数量	器物描述	资料来源
1	距楼兰遗址6.4公里的墓葬盗掘	1914年2月	1	有花纹的铜镜	奥雷尔·斯坦因：《斯坦因西域考古记》，向达译，新疆人民出版社，2013，第136页
2	和田地区采集	1913年11月	1	青铜镜边缘残块，菱形宽沿，镜面有两圈凸棱，沿与第一道凸棱、第一道与第二道凸棱之间分别浮雕玫瑰花叶。镜的外缘较薄，内面较薄	奥雷尔·斯坦因：《亚洲腹地考古图记》，巫新华、龚国强、秦立彦译，广西师范大学出版社，2004，第181页
3	在xcii营地和L.A.遗址之间盗掘	1914年2月	1	青铜镜边缘残片，凸起的素缘，沿内有放射形条带纹饰	奥雷尔·斯坦因：《亚洲腹地考古图记》，巫新华、龚国强、秦立彦译，广西师范大学出版社，2004，第313、324页

序号	出土地点（方式）	出土时间	数量	器物描述	资料来源
4	古楼兰地区 L.A.遗址盗掘	1914年2月	3	所有文物中最重要的是一件完整的铜镜（L.A.0107，即规矩镜——译者），圆形，素面，厚沿，镜背中心有钮，其他有双线的方形框，框的各边中心点向外伸出双线的T字纹。再往外，在一凸起的圆圈纹的内边，有与T字纹相对应的L字纹，也许是与T字纹和L字纹左右，各有一简单的涡纹。L.A.05素面，沿内侧有波纹带及另2片铜镜残片；L.A.0124，残，半和涡纹，中部残缺，保存良好；L.A.0124，残，半球形钮，钮旁浅浮雕四组成对的战车（无柄）纹，中国特征，其外有一素面条纹。最外即沿内沿为八瓣葵纹，外沿素面。L.A.025圆形铜镜，残，边缘凸，镜面无纹饰	奥雷尔·斯坦因：《亚洲腹地考古图记》，巫新华、秦立彦、龚国强，艾力江译，广西师范大学出版社，2004，第335、337、338、339页
5	古楼兰地区 L.D居址附近	1914年2月	1	1件铜镜残片（L.D.09），"背面有中国风格的装饰"，厚沿，在两条条纹间有汉字，似L.D.0124	奥雷尔·斯坦因：《亚洲腹地考古图记》，巫新华、秦立彦、龚国强，艾力江译，广西师范大学出版社，2004，第336、344页
6	古楼兰地区 L.C墓地及附近	1914年2月	6	保存完好的2件铜镜及一些残片。L.C.013圆形铜镜，背面方素面，宽平沿，沿内与中心半球形镜钮之间分为用短斜线表示的绳素纹，一圈络文带，8个凸浮雕汉字，各字间用小的涡纹和菱形纹间隔，一圈细小弦纹；一圈宽凸弧纹。L.C.021宽沿，边缘为斜面，内缘饰锯齿纹，球形镜钮居背面中央，沿内依饰钮射线纹带，素面有4个铸蚀斑痕，宽浮雕钮带，有锈蚀斑纹片和4个圆形。L.C.017-018为铜镜小残片，018上有条形装饰，个长方形汉字；043-044，锈蚀，铜镜残片。L.C.017-018为铜镜小残片，正背面残片，可能是汉字（?）	奥雷尔·斯坦因：《亚洲腹地考古图记》，巫新华、秦立彦、龚国强，艾力江译，广西师范大学出版社，2004，第348、367、370、371、372页
7	古楼兰地区 L.F遗址盗掘	1914年2月	2	L.F.06铜镜，仅残块，边残，边沿突起，向内作葵纹浮雕。纹饰间有汉字及浮雕的圆点。外饰阴刻条纹。由两片残片拼成。L.F.07铜镜残残块，厚沿，辐射形条纹，浅浮雕	奥雷尔·斯坦因：《亚洲腹地考古图记》，巫新华、秦立彦、龚国强，艾力江译，广西师范大学出版社，2004，第397页

序号	出土地点（方式）	出土时间	数量	器物描述	资料来源
8	高昌故城（亦都护城）	1914年11月	3	两面青铜镜，背铜镜了不少。在发现的时候，镜子正面有个起保护作用的圆形铜盖子，而铜盖子看起来需要修理了。02背面装饰着凸起的中国风格的图案，是一个行吟歌手在一群跳舞的男孩子面前面演奏，背景是乡村，很有生气。01和034这两个背铜镜大概也出自墓中。01的背面用很低的浮雕雕出中国风格的风景，034背面则镌着4个汉字	奥雷尔·斯坦因：《亚洲腹地考古图记》，巫新华、秦立彦、龚国强译，广西师范大学出版社，2004，第837、838、839页
9	喀拉霍加购得	1914年11月	2	Kao.01圆形青铜镜，边如扁贝，一侧有柄，是浇铸而成的。正面空白，背面有一条凸起的平边，中央是很低的浮雕，雕着荸水（？）上的鸭子。跟两朵莲花的地方是干开的莲花，状如半开的莲花，边柄为莲花的茎。保存完好。Kao.034圆形青铜镜，边突起，中间的凸面上穿了孔，以便穿绳子，边和凸饰之间凹陷地浇铸而成。以便穿绳子，排列成十字形。做工粗糙地浇铸而成	奥雷尔·斯坦因：《亚洲腹地考古图记》，巫新华、秦立彦、龚国强译，广西师范大学出版社，2004，第840、843页
10	在阿斯塔那墓地 KAO，（牧区遗址）III 发掘出土	1914年11月	3	Kao.111.01铜镜，圆形，连着一个柄，一次浇铸而成。背面的边沿斜削过，是凹陷（无花纹）。边里面是不可辨认的图案，大概是风景。凹陷部分继续延伸到柄上，形成了柄上的凹槽。正面无花纹。Kao.111.02圆形，有柄，一次浇铸而成。背面凸起的花纹，表现的是一个行吟歌手在听他人演奏，其中一个男孩在镜面上，可能同时还在跳舞在地上，他面前有一串苹果。右边有棵苹果树（或橘子树）。硕果累累，前景中有花，天空中有云。Kao.112.0127青铜镜（？）残。有部分为平的加厚的边框，边里面较暗。刻着3条环形线，已缩短	奥雷尔·斯坦因：《亚洲腹地考古图记》，巫新华、秦立彦、龚国强译，广西师范大学出版社，2004，第848、849、856页
11	阿斯塔那墓地	1914年11月	1	Ast. ix.2.03，放在木棺漆盒里的一面小银镜，背面是浮雕的莲花，钮上残存深红色丝线	奥雷尔·斯坦因：《亚洲腹地考古图记》，巫新华、秦立彦、龚国强译，广西师范大学出版社，2004，第934、985页

续表

序号	出土地点（方式）	出土时间	数量	器物描述	资料来源
12	L. Q 墓地中挖掘出土	1915 年 3 月	1	L. Q. i. 02 青铜镜（？）是薄圆盘，全部被锈蚀了。在镜面的两端各穿了一个孔。没有凸饰的迹象	奥雷尔·斯坦因:《亚洲腹地考古图记》，巫新华、秦立彦、龚国强、艾力江译，广西师范大学出版社，2004，第 1037 页
13	库车城搜集	1915 年 5 月	1	Kucha020 青铜镜背中心凸起部有穿绳孔	奥雷尔·斯坦因:《亚洲腹地考古图记》，巫新华、秦立彦、龚国强、艾力江译，广西师范大学出版社，2004，第 1126 页
14	和田尼雅遗址 95 号营地附近	1900 年 2 月	4	N. 009 汉式镜残片，铸铜，圆形，弓形钮，缘部加厚，背面平。正面：外侧平缘之内饰一圈由凹刻放射线组成的窄边。此边内刻三个同心圆环，尚存部分有浮雕图案，现出一只传统式的龙形动物，长尾细小并卷曲。发现于 95 号营地附近。N. 0012. f、g、h 为汉式小青镜残片（3 块）。每一块残片的一面上均有浮雕装饰。残片 h 有圆弧形厚缘，显然是某器物的边缘残部。残片 f 是一个扁圆形带饰，其内缘与另一平行于第一圈带饰但较窄的带饰之间有凸起的短放射线。宽带外缘之外是装饰局部，此设计看似是用来填充拱形空间的	奥雷尔·斯坦因:《古代和田——中国新疆考古发掘的详细报告》，巫新华、肖小勇、方晶、孙莉译，山东人民出版社，2009，第 398、454、455 页
15	罗布泊小河墓地附近的 C1 号墓	1934 年 6 月	1	红色绸套的铁镜	斯文·赫定、沃尔克·贝格曼:《横渡戈壁沙漠——考古探险笔记》，李述礼、张鸣译，新疆人民出版社，2013，第 317 页
16	罗布泊地区小河沿岸 6 号墓地墓 6. A	1934 年 4 月	1	6. A：13，腰部附近有一锈蚀了的铁镜，上覆一块红绸，绸子用带方格纹的米色丝带镶边，丝带上曾经有一排小点状金箔。圆形，背面中央有一钮。锈蚀特甚，直径 8. 5 厘米	沃尔克·贝格曼:《新疆考古记》，王安洪译，新疆人民出版社，2013，第 162、170 页
17	陈宗器楼兰古城采集	1934 年	3	P1. 28：1~2 为两个青铜镜边缘，明显属于汉代产品；P1. 28：4 出自一面小镜子，上带低浮雕花卉纹。32：60 为相当大的青铜镜残片。厚缘宽 2. 3 厘米，有双波纹条带及一锯齿纹。再向内是一个斜梳齿图案区。直径约 14. 5 厘米，缘厚 0. 35 厘米。32：61 青铜镜残缘。边缘略加厚，宽 1. 3 厘米。内侧有清晰的星纹。直径近 9 厘米，缘厚 0. 25 厘米。 32：62 一小块青铜镜残片，可能与 61 属同一面镜子	沃尔克·贝格曼:《新疆考古记》，王安洪译，新疆人民出版社，2013，第 231、237 页

序号	出土地点（方式）	出土时间	数量	器物描述	资料来源
18	霍拉尔与陈宗器楼兰古城采集	1931年	2	K.13378.34 为相当小薄青铜镜残片，中心部分有低浮雕花卉纹，边缘轻微凸起，厚0.24厘米，直径约8.6厘米；K.13378：35 为小青铜板残片，一面有浮雕设计	沃尔克·贝格曼：《新疆考古记》，王安洪译，新疆人民出版社，2013，第236页
19	罗布泊地区采集	1930—1931年	3	K.13424：1 是同一面青铜镜的3 块残片，厚缘处饰有向连弧纹（整个圆周共含16个这样的弧纹）。中心部分饰高浮雕，完整时镜子直径10.8厘米，缘厚4.5厘米。该镜属"百乳鉴"类（K.13379：14 及 K.13409），两小块铜镜厚缘（K.13379：14 及 K.13409）。残片 K.13409 上面有两排小三角纹，锯齿纹和之字纹。残片宽1.8厘米，厚0.4厘米	沃尔克·贝格曼：《新疆考古记》，王安洪译，新疆人民出版社，2013，第255、276、279页
20	罗布泊地区		29	斯坦因在罗布泊地区共获3件完整的青铜镜和26块铜镜残片。其中出自楼兰古城，在他披露的照片中可分辨出3例TLV 镜，1例附带四兽图案，2或3例我们的P1.28、2 属同一类，一例有"见日之光，天下大明"八字铭文，这是在铭文铜镜上常见的句子，在研究了这些铜镜的原件后可能会发现更多的类型。这可能是一件当地无疑可能是同一常见类型的产品，它们毫无疑问全部来自中国内地	沃尔克·贝格曼：《新疆考古记》，王安洪译，新疆人民出版社，2013，第255页
21	营盘墓地，阿不都斯坦热依木在靠近那座坟墓因挖掘过的附近发现了这件铜镜（P1.15：4）	1928年4月	1	K.13436，青铜镜。镜钮作弯隆状，环以四叶纹。叶外围是一道隆起的条带。这道条带与宽镜缘之间，为镜子的主要装饰区，该区的两侧各有一道细槽之条带，其中有4个阳纹镜钮但相同的浮凸图案（龙、虎）动物之间饰与镜缘中有一圈双波纹条带，波纹的每个锐凸起的小点，标本上面有带绿色铜锈，直径12.5厘米，厚0.5厘米。该镜为一种常见的铜镜类型，因为它及龙虎图案为汉代末年常见的类型……这面汉末年重要的物品及发现年代的少数几个年常见的铜镜出现这在营盘这里发现这个地方，其他的物品还有斯坦因因发现的钱币及丝绸，它们可测定年于中国内地	沃尔克·贝格曼：《新疆考古记》，王安洪译，新疆人民出版社，2013，第281、282、284页

序号	出土地点（方式）	出土时间	数量	器物描述	资料来源
22	且末（车尔臣）	1928年7月	1	K.13340 为带柄中国青铜镜，柄已断裂。一面有非常平的浮雕装饰：画面左侧，一人端坐树下，着多褶衣，头罩光环。画面右侧站立一人，树后有一卷云。二人物之间有一鹤（或苍鹭）一鸟。环画面边缘饰两道凸起的线条，沿镜子边缘及柄有一凸边。镜长18.1厘米，直径9.9厘米。有带绿色斑点的红棕色铜锈	沃尔克·贝格曼：《新疆考古记》，王安洪译，新疆人民出版社，2013，第338、340、341页

参考文献

［1］陕西省文物管理委员会. 陕西省出土铜镜［M］. 北京：文物出版社，1959.

［2］孔祥星，刘一曼. 中国古代铜镜［M］. 北京：文物出版社，1984.

［3］周世荣. 铜镜图案：湖南出土历代铜镜［M］. 长沙：湖南美术出版社，1987.

［4］王世伦. 浙江出土铜镜［M］. 北京：文物出版社，1987.

［5］陈佩芬. 上海博物馆藏青铜镜［M］. 上海：上海书画出版社，1987.

［6］沈从文. 铜镜史话［M］. 北京：万卷出版公司，2005.

［7］管维良. 中国古代铜镜史［M］. 重庆：重庆出版社，2006.

［8］安徽省文物考古研究所，六安市文物局. 六安出土铜镜［M］. 北京：文物出版社，2008.

［9］A. A. 提什金，H. H. 谢列金. 金属镜：阿尔泰古代和中世纪的资料［M］. 陕西省考古研究院，译. 北京：文物出版社，2012.

［10］大同市博物馆. 镜月澄华：大同市博物馆藏铜镜［M］. 北京：科学出版社，2019.

［11］金华市博物馆. 无穷·镜：古代铜镜中的微观世界［M］. 北京：文物出版社，2021.

后　记

　　笔者自 1988 年从西北民族学院历史系毕业以来，一直从事新疆文博工作，长期关注历史文物的鉴定和研究。二十多年来，接触、收集了许多特别感兴趣的重要文物——新疆古代铜镜的资料，尤其是在受委托参与全疆多地州县市博物馆馆藏文物的鉴定过程中，对众多古遗址和古墓葬发现的可以实证中华文明在丝绸之路上传播的铜镜材料尤为关注，并埋头开始了系统搜集和认真整理。学术科研的历程充满了曲折和艰辛，需要检索海量的考古报告，需要明确每件文物的要素信息，也曾浅尝辄止，产生过畏缩和放弃的念头。其间，已故著名学者、为西域佛教历史文化研究做出过重要学术贡献的新疆克孜尔石窟研究所霍旭初先生，一直非常关心和鼓励本书的编纂，叮嘱要系统梳理学术史动态，努力了解一面面铜镜背后的历史故事；在编纂过程中，新疆文物考古研究所、自治区博物馆、巴州、哈密等地州博物馆及许多县市博物馆提供了许多珍贵的文物资料，吕恩国、张铁男、李文瑛、周轩、牛耕、吴勇、党志豪、阮秋荣、于建军、闫雪梅、胡兴军、李春长、王永强、阿里甫江·尼亚孜、康晓静等专家学者给予了热情指导和帮助，自治区博物馆协会也多予工作的便利。本书即将付梓，谨向所有关心、支持、指导的各收藏单位和专家学者，表示诚挚的感谢！

　　本书文物图片资料多采自各类考古报告、文物图录；相关铜镜的平剖面图的绘制，由吐鲁番学研究院舍秀红女士友情协助。书稿完成后，新疆维吾尔自治区博物馆于志勇馆长拨冗作序，编辑出版得到了中国商务出版社的特别重视和关照。在此衷致谢忱！

　　本书是对新疆古代铜镜汇辑整理的探索和尝试，编纂工作过程中，坚持正确的中华民族历史观，力求主题鲜明，逻辑清晰，力求资料准确，详略得当，学术规范。鉴于学识能力和水平有限，书中一定存在不少谬误和不足，祈请各位专家学者批评教正！

　　谨以此书纪念霍旭初先生！

作者谨识

2023 年 11 月